7 COSAS QUE DEBES TENER CLARAS

Antes que las tormentas azoten tu vida

7 COSAS QUE DEBES TENER CLARAS

Antes que las tormentas azoten tu vida

ROBERT WOLGEMUTH

La misión de Editorial Vida es ser la compañía líder en comunicación cristiana que satisfaga las necesidades de las personas, con recursos cuyo contenido glorifique a Jesucristo y promueva principios bíblicos.

**7 COSAS QUE DEBES TENER CLARAS
ANTES QUE LAS TORMENTAS AZOTEN TU VIDA**
Edición en español publicada por
**Editorial Vida – 2009
Miami, Florida**

© 2009 por Editorial Vida

Originally published in the USA under the title:
*7 Things You Better Have Nailed Down
Before All Hell Breaks Loose*
© 2007 by Robert D. Wolgemuth
Published in Nashville, Tennesse, by Thomas Nelson, Inc.

Traducción: *David Fuchs*
Edición: *Madeline Díaz*
Diseño Interior: *Cathy Spee*
Adaptación cubierta: *Pablo Snyder*

RESERVADOS TODOS LOS DERECHOS. A MENOS QUE SE INDIQUE LO CONTRARIO, EL TEXTO BÍBLICO SE TOMÓ DE LA SANTA BIBLIA NUEVA VERSIÓN INTERNACIONAL. © 1999 POR LA SOCIEDAD BÍBLICA INTERNACIONAL.

ISBN: 978-0-8297-5518-3

CATEGORÍA: Vida cristiana / General

IMPRESO EN ESTADOS UNIDOS DE AMÉRICA
PRINTED IN THE UNITED STATES OF AMERICA

09 10 11 12 13 ___ ❖ ___ 6 5 4 3 2

DEDICATORIA

Andrew Donald Wolgemuth
Erik Samuel Wolgemuth

Sobrinos, colegas, amigos

Dichoso el hombre
que no sigue el consejo de los malvados,
ni se detiene en la senda de los pecadores
ni cultiva la amistad de los blasfemos,
sino que en la ley del Señor se deleita,
y día y noche medita en ella.
Es como el árbol
plantado a la orilla de un río
que, cuando llega su tiempo, da fruto
y sus hojas jamás se marchitan.

—Salmo 1:1-3

Contenido

Prefacio	9
Introducción	11
1. Antes de que el infierno se desate…	17
2. La primera cosa a tener clara Dios es Dios: el Creador… santo, soberano y misericordioso	41
3. La segunda cosa a tener clara La Biblia es la Palabra de Dios	63
4. La tercera cosa a tener clara La humanidad está eternamente perdida y necesita un Salvador	91
5. La cuarta cosa a tener clara Jesucristo murió para redimir a la humanidad	113
6. La quinta cosa a tener clara La gracia y la fe son regalos	135
7. La sexta cosa a tener clara Creer y obrar van unidos	161
8. La séptima cosa a tener clara La iglesia es idea de Dios	185
9. Suéteres, contraventanas y estar listos	207
Reconocimientos	231
Notas	233

Prefacio

La primera vez que mi esposo Mark y yo escuchamos algo en cuanto al material de este libro fue cuando nuestro maestro de la Escuela Dominical, Robert Wolgemuth, lo estaba enseñando.

Estábamos felizmente casados y teníamos dos hijos pequeños, viviendo el sueño americano. Escuchamos con cuidado cada una de las siete cosas sobre las que Robert estaba hablando, de las cuales tomé nota. Mark y yo estuvimos de acuerdo en que estas eran cosas buenas para que gente como nosotros las conocieran: personas jóvenes y saludables, con nuestros futuros por delante. La vida era buena.

Sin embargo, en el otoño del 2004, acudí al doctor preocupada por una protuberancia que había encontrado en mi seno. Esperábamos que no fuera nada. *No* era nada. El 5 de noviembre recibí el diagnóstico: cáncer de seno metastásico en su etapa IV, con tres manchas cancerosas en mi hígado. Desde las grietas más profundas de mi alma, el infierno se había desatado.

Luego de esas noticias, Mark y yo experimentamos una caída libre emocional: un caos más allá de lo que pueda decir. Esto era algo oficial y no había vuelta atrás. Debíamos tomar muchas decisiones. La primera y más importante se refería a nuestra fe, que debía ser lo suficiente fuerte como para *en realidad* ayudarnos a caminar por el sendero que habíamos elegido y ayudado a otros a conocer.

Siendo niños, nuestros padres nos habían dado un regalo superior a todos los demás, una sana comprensión de Dios y un gran amor por él. Y con los fundamentos que las enseñanzas de

Robert habían *establecido* para nosotros, tuvimos un lugar dónde aterrizar. Un lugar sólido, que no se movía. Este cimiento y la esperanza que trajo literalmente se originaron por medio de las palabras que estás a punto de leer en este libro.

El Dios de la creación, nuestro Padre misericordioso, fortaleció nuestros atemorizados corazones. Las palabras que habíamos leído en la Biblia se pusieron de manifiesto con claridad. Nuevas interpretaciones de las Escrituras saltaron de sus páginas y nos confortaron. De una forma que no puedo describir por completo, Jesús nos sostuvo en sus brazos ofreciéndonos consuelo y seguridad. Y el pueblo de Dios se unió con una clase de motivación y ayuda que no hubiéramos podido imaginar nunca.

Yo era una mujer de treinta y siete años de edad, madre de dos hijos muy pequeños y esposa de un hombre maravilloso que me amaba, enfrentando los horrores del cáncer y los estragos de un intenso tratamiento. No obstante, de manera asombrosa, gracias a la fe que me sostenía y a las cosas que tenía claras en mi corazón, fui incluso capaz de motivar a otros que habían venido a alentarme.

Podría continuar explicando cuán importante pienso que es este material, pero te voy a dejar leer las siguientes páginas y que lo compruebes por ti mismo.

Para Mark y para mí, esta podría ser o no la más grande crisis en nuestras vidas… solo Dios lo sabe. Sin embargo, estoy agradecida por todo el tiempo que vivimos antes y todo el tiempo que con certeza vendrá después, porque sé que Dios es mi roca y mi salvación. Eso nunca cambiará. Su gracia y misericordia son nuevas cada día.

—Sra. Pam Oldham

Orlando, FL

Introducción

Transcurría el otoño de 1974. Mi esposa Bobbie y yo habíamos estado casados por cuatro años y medio. Nuestra primera hija, Missy, acababa de celebrar su tercer cumpleaños, y Bobbie estaba esperando nuestro segundo bebé.

Más de tres semanas después de la fecha debida, Bobbie al fin entró en labor de parto el 24 de octubre. Nos habían dicho que el nacimiento del segundo hijo siempre resultaba más fácil. Estas eran buenas noticias para Bobbie, que había pasado catorce horas en labor de parto cuando Missy nació. No obstante, hubo complicaciones. Este bebé venía de nalgas, encontrándose sentado en el útero en lugar de estar en la posición normal con la cabeza hacia abajo.

Luego de casi dieciocho horas de una intensa labor de parto, nació Julie. Debido a que fue necesario que el doctor le aplicara a Bobbie anestesia general, no pude estar presente en el parto y me obligaron a permanecer en un pequeño rincón junto a la sala de operaciones.

Después de una larga espera, el Dr. James Eggers salió por la puerta del salón de operaciones. «Tienes una niña», me dijo, y luego añadió, «pero hay un problema».

Sin ninguna otra explicación, se dio la vuelta y regresó con rapidez a la sala de operaciones.

El tiempo se detuvo. ¿En qué creía yo? ¿A qué podía aferrarme? ¿Qué me sostendría? ¿En dónde podía permanecer parado con seguridad?

Lo que sucedió resulta difícil de describir por completo, pero tenía la sobrecogedora sensación de que estaba —como dice el himno— «parado ante la presencia de Dios, en tierra santa». Mientras me encontraba solo fuera de la sala de operaciones, esta reconfortadora presencia fue muy, muy real.

Las Escrituras vinieron a mi mente: «El que habita al abrigo del Altísimo se acoge a la sombra del Todopoderoso. Yo le digo al SEÑOR: "Tú eres mi refugio, mi fortaleza, el Dios en quien confío"» (Salmo 91:1-2).

La letra de un himno que hace mucho tiempo atesoré en mi memoria se repetía de una manera rítmica en mi cabeza.

> Cuando por aguas profundas te llamo a ir,
> los ríos de tristeza no deben fluir;
> porque estaré contigo y tus problemas bendeciré
> y en tu más profunda angustia te santificaré.[1]

Sentado en la fría silla de vinilo de la sala de espera del hospital Holy Family, en Des Plaines, Illinois, esas palabras me visitaron como si fueran viejas amigas.

De modo irónico, no memoricé estos versos para tener algo a lo que aferrarme cuando el doctor me diera las noticias que ningún padre desea escuchar. ¿Cómo podía haberlo sabido? Sin embargo, estas palabras de inmediato me recordaron un lugar seguro, el único lugar en el que podía permanecer cuando no había nada más. Un lugar seguro cuando al parecer el infierno se había desatado.

Una hora más tarde, la puerta de la sala de operaciones se abrió de nuevo y el Dr. Eggers caminó hacia mí. «La pierna derecha de tu hija está flácida y no responde a los estímulos. No sabemos si el problema es una cosa aislada y se limita a la pierna o si es central... algo neurológico».

Los siguientes dos años, nuestras vidas estuvieron repletas de múltiples visitas a pediatras especializados, cuyos diagnósticos iban desde la poliomielitis intrauterina hasta un daño nervioso congénito. Nunca se estableció un diagnóstico certero.[2]

Tiempo para establecer un fundamento

Han pasado más de treinta años desde que el Dr. Eggers me dio la noticia, treinta años de mi propia lucha para tener claras esas cosas que no cambian. Estoy hablando de cosas que, en una cultura pluralista, continúan cayendo en la categoría creciente, impopular y vigorosamente impugnada de la verdad absoluta e indiscutible… una verdad que, sin embargo, de modo literal emerge a la superficie cuando el infierno se desata. Una verdad que tal vez haya sido objeto del ridículo el día anterior, de repente se convierte en la verdad que sostiene y da esperanza.

Una serie de la Escuela Dominical con la palabra
INFIERNO EN ELLA

A finales de la década del ochenta, un amigo me motivó a enseñar en la Escuela Dominical una serie sobre los fundamentos invariables de la fe cristiana. Recuerdo haber pensado que seleccionar un puñado de principios innegociables para presentárselos a la clase sonaba como una buena idea. *¿Por qué no equiparnos para protegernos de las llamas de la persecución o el trauma de un desengaño?*, pensé.

Dado que soy un «titulador» irremediable, comencé a buscar un nombre apropiado para la serie. Bobbie y yo discutimos algunas ideas. Luego recordé una frase que había escuchado muchos años atrás… algo como «aclarando la verdad antes de que el infierno se desate».

«Llamémosle a la serie "Siete cosas que debes tener claras antes de que el infierno se desate"», dije yo. Y a Bobbie le gustó la idea.

A lo largo de los años he enseñado este material en muchas ocasiones. No obstante, lo que empezó de alguna manera como un título gracioso se ha vuelto algo desesperadamente serio. Que el infierno se desatará es tan predecible como que el sol se pondrá esta noche y saldrá mañana. Desde tiempos antiguos, los filósofos, ministros, eruditos y líderes mundiales han pensado que su generación está encaminándose al caos.

Y dado que la proliferación de nuevas tecnologías garantiza la comunicación instantánea a nivel mundial, ninguna tragedia pasa sin ser reportada. Tú y yo necesitamos estar listos… para cualquier cosa.

Sin que importe cuántos años pasen entre el tiempo en que estoy escribiendo estas palabras y el momento en que las leas, los titulares del periódico de esta mañana tal vez renovaron esa sensación de zozobra en tu alma. Esa sensación de que sabes que los problemas están creciendo por todas partes… políticos, sociales, económicos, militares. Más allá de la situación en el mundo, es muy probable que estés experimentando serios problemas por ti mismo o puedas sentir que estos problemas están a la vuelta de la esquina.

Lo mejor que tú y yo podemos hacer es examinar —o reexaminar— lo básico. Necesitamos prepararnos para cuando el infierno se desate, construyendo cimientos sobre los cuales podamos permanecer seguros.

Las siguientes páginas son para ti

No sé si acabas de salir de una crisis, estás actualmente lidiando con ella, o te encuentras preparándote para algo desconocido que está por llegar, pero las siguientes páginas te proporcionarán perspectiva, te confortarán, y te prepararán para cualquier dificultad o tragedia que se atraviese en tu camino.

Este libro no pretende atemorizarte con el espectro de las terribles cosas que están por venir, sino recordarte que te prepares para cuando llegue la hora… manteniéndote firme sobre la cuerda floja.

Puedes ser un cristiano consagrado o un recién llegado a los asuntos religiosos… alguien que siente una curiosidad genuina por los aspectos de la fe. Es probable que vivas en los Estados

Unidos, donde el noventa por ciento de la gente dice creer en Dios, o que residas en algún otro lado del mundo. Sin que importe quién seas o dónde estés, estas páginas asumen que deseas más información sobre aquello en lo que crees y un nivel mayor de intencionalidad en cuanto a lo que deseas hacer con esa información.

Mi deseo es que los siguientes capítulos sean comprensibles, aleccionadores y útiles.

Dios te bendiga.
Dr. Robert Wolgemuth
Orlando, Florida

1

Antes de que el infierno se desate...

Uno de mis amigos más cercanos no soporta las Grandes Ligas de Béisbol. He tratado de hablar con él acerca de los desafíos físicos y lo intrincado del juego, pero su respuesta es siempre la misma.

«Aburriiiido», dice sonriendo.

El desdén de mi amigo por el juego no ha tenido efecto sobre mí. Ya sea asistiendo en persona al estadio o viéndolo por televisión, siempre me he sentido atrapado por este deporte. Me fascina la destacada habilidad de un lanzador al arrojar una pelota a noventa millas por hora desde una distancia de dieciocho metros de la base con la precisión de un cirujano, o la suavidad similar a la de un gato de un jugador del campo corto para atrapar una bola que rueda por el suelo y lanzarla a la primera base.

También me llama la atención la destreza de un bateador que hace contacto con la veloz bola y la golpea a ciento cuarenta metros hacia las gradas. Lograr esto es tan difícil que incluso el mejor de los bateadores falla más a menudo de lo que tiene éxito.

Si te pareces a mi amigo y estás ansioso de que siga adelante para hablar de algo que te interese, por favor, espera un par de minutos más. Hay una razón por la cual estoy hablando de béisbol.

Momento difícil

Uno de los temas relacionados con el béisbol que ha sido discutido e investigado a lo largo de los últimos años tiene que ver con la manera en que se desempeñan ciertos bateadores cuando el resultado del encuentro está en juego y el éxito del bateador podría ser significativo para el triunfo o el fracaso del equipo... *un momento difícil.*

Al parecer, a algunos bateadores se les considera más productivos cuando el juego depende de ellos que cuando se paran en el cajón de bateo bajo circunstancias más ordinarias.

Debido a que el béisbol desde su concepción ha estado poblado de extrañas estadísticas, una seria controversia ha surgido en cuanto a lo que un bateador ha hecho mejor o no, ya sea en la actualidad o a lo largo de la historia del juego, durante ese momento difícil. Se ha realizado un intenso escrutinio de las estadísticas relacionadas con los jugadores que han sido reconocidos por ser sensacionales durante esa oportunidad final.[1]

Los resultados podrían sorprenderte.

Le evidencia es concluyente: lo que un jugador hace bajo cierta presión en el juego es exactamente lo mismo que hace en otras ocasiones. Es probable que haya una o dos temporadas en las que un bateador sea más productivo durante el cierre, pero las estadísticas a través de su vida representan siempre el promedio.

Un bateador siempre será un bateador. Lo que él hace bajo estrés es lo que siempre hace a diario. Si es estupendo en esos días ordinarios, será asombroso bajo presión. Si no es bueno en el día a día, no será bueno cuando el juego esté en la recta final.

Dada esta información, ¿cómo entrenarías a un bateador que quiere ser mejor en el momento decisivo? ¿Cómo le ayudarías a ser digno de confianza y a tener seguridad cuando el juego esté en la recta final?

Así es. Le enseñarías a mejorar bajo circunstancias normales... antes de que se encuentren en situaciones de ganar o perder. Mientras mejor haya sido perfeccionada su actitud para los momentos ordinarios, más listo estará cuando en realidad se le necesite.

1. Antes de que el infierno se desate...

¿Qué tiene que ver el béisbol con que el infierno se desate?

Aunque el título de este libro suena como una sirena activada, en realidad es tan sencillo como el principio que yace detrás de ese momento difícil del béisbol.

Si tú y yo queremos estar preparados para las dificultades, los desafíos e incluso las tragedias inevitables que la vida nos traerá, necesitamos aprender cómo «sobrevivir» en lo normal. Debemos tener claras las verdades esenciales *antes* de que el infierno se desate.

Instrucciones finales del rey

No hay nada que nos impulse más a poner las cosas en claro que la muerte, en especial el espectro de nuestro propio fallecimiento.

Cuando el rey David estaba a punto de morir, hizo su propia lista de las cosas que deseaba que su hijo Salomón tuviera claras.

> David ya estaba próximo a morir, así que le dio estas instrucciones a su hijo Salomón:
> «Según el destino que a todos nos espera, pronto partiré de este mundo. ¡Cobra ánimo y pórtate como hombre! Cumple los mandatos del Señor tu Dios; sigue sus sendas y obedece sus decretos, mandamientos, leyes y preceptos, los cuales están escritos en la ley de Moisés. Así prosperarás en todo lo que hagas y por dondequiera que vayas.[2]

¿Puedes imaginarte al rey Salomón buscando un pedazo de papel y un lápiz? «Veamos», debe haber murmurado para sí mismo mientras escribía. «Sigue la senda de Dios, mantén sus decretos, mandamientos, juicios y preceptos».

Las instrucciones de David para su hijo eran rigurosas y específicas. Una auténtica cornucopia de cosas que el rey David deseaba que Salomón tuviera claras. Y la promesa de David a su hijo era que si él cumplía con estas cosas de forma estricta, valdría la pena. «Prosperarás en todo lo que hagas y por dondequiera que vayas».

Una nueva manera de andar

Tú y yo entendemos el significado de la palabra *prosperar*. Sin embargo, ¿qué hay de la expresión «dondequiera que vayas»?

He aquí una nueva forma de considerar esta vieja promesa.

Las cosas que dan vueltas —los objetos giratorios— siempre han sido una atracción para mí. Siendo un niño, los yoyos y los trompos estaban entre mis juguetes favoritos. Siendo un adolescente, conocí la magia del giroscopio... donde los objetos giratorios y la física se tomaban de la mano. No recuerdo si ahorré mi propio dinero para comprar mi primer giroscopio o alguien me lo regaló, pero el juguete capturó toda mi atención.

Siendo casi del tamaño de una manzana pequeña, mi giroscopio era un trompo que descansaba en una simple armazón de alambre. Atando un pedazo de cuerda alrededor del eje del trompo, yo halaba con todas mis fuerzas haciendo que el trompo cobrara vida de un solo giro. Luego tomaba la cuerda y la sostenía entre mis manos extendidas. Uno de mis hermanos podía sostener el giroscopio dando vueltas sobre la cuerda, y como si fuese un hábil equilibrista del circo, el giroscopio se balanceaba a la perfección sobre ella. El balance se alcanzaba debido a que algo sucedía en su interior.

La obediencia de Salomón a las instrucciones específicas de su padre iba a prosperarle por dondequiera que fuera. «Recuerda hacer *todas* estas cosas», dijo David, «y prosperarás en todo lo que hagas y por dondequiera que vayas». Aunque esta comparación con un giroscopio puede parecerte extraña, resulta un principio increíblemente importante que debemos aprender.

Permíteme que te muestre cómo funciona un giroscopio.[3]

1. Antes de que el infierno se desate...

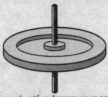

Un giroscopio está en descanso en un ambiente de gravedad cero. El mismo consiste de un simple y suave disco (sin fricción) y un eje de metal que atraviesa el centro.

El disco no está girando. Usando tu dedo, presiona hacia abajo en un punto cerca del borde del disco.

Como era de esperarse, el disco se inclinará alrededor de su centro.

Haz que el disco gire a alta velocidad y vuelve a realizar el mismo experimento. En esta ocasión, todo el disco se moverá hacia abajo sin cambiar la orientación, aunque lo empujemos cerca del borde. ¿Cómo sucedió eso?

Hagamos el experimento de nuevo, usando esta vez un marcador rojo.

El disco cambia de orientación con facilidad, como era de esperarse, y la marca roja en el disco muestra el lugar donde fue empujado.

Haz lo mismo con el disco girando rápidamente. Tan pronto como el marcador toca el disco, un círculo rojo aparece alrededor de él. Este círculo rojo muestra todos los puntos donde el disco está siendo empujado. El disco completo se moverá hacia abajo, tal como esperarías que hiciera si lo empujaras en todos los puntos del círculo rojo.

Todos los Derechos Reservados. Copyright © Darel Rex Finley

Sin tener en cuenta la presión que esté enfrentando, un giroscopio en movimiento no puede ser sacado de balance. Ahora sabes por qué tal cosa es algo cierto. En este momento, las situaciones de nuestra vida caen dentro de una de tres categorías. Acabamos de salir de una crisis, estamos en medio de una de ellas, o tenemos una crisis con la cual lidiar más adelante.

Así como en la ilustración del dedo presionando en el borde del giroscopio, algo o alguien acaba de golpear nuestras vidas, nos está presionando o está a punto de estrellarse contra nosotros.

Aunque tal vez el rey David no entendía mucho de física, estaba exhortando a su hijo a que se mantuviera firme sin importar lo que le sucediera. «Sigue sus sendas y obedece sus decretos mandamientos, leyes y preceptos».

Como resultado de obedecer la exhortación de su padre, Salomón sería prosperado «por dondequiera que fuese».

Batea... cuando sea tu turno

Escuchas la sirena de la ambulancia como tantas veces antes, solo que en esta ocasión el sonido en lugar de desvanecerse se hace más alto y más ALTO. Se dirige a *tu* casa. El momento parece surrealista, como si el tiempo se hubiese detenido o separado de la realidad. Las cosas que hace pocos segundos parecían tan importantes ahora desaparecen y pasan al plano de lo irrelevante.

El teléfono suena y tú respondes sin tener idea de lo que está a punto de suceder en tu vida. Tan pronto como saludas, el interlocutor te da la noticia, diciéndote lo último que esperabas o deseabas escuchar. Te quedas paralizado, entumecido por la incredulidad. Una de las personas más apreciadas para ti en el mundo ya no está. Ni siquiera hubo tiempo para un último adiós.

Se escucha un golpe en tu puerta. No estabas esperando a nadie, no que pudieras recordar. El hombre se ve demasiado bien vestido. Es probable que sea un vendedor. Te sorprendes cuando usa tu nombre, elevando el tono al final como si se tratara de una pregunta. Tú asientes y el hombre te entrega un documento legal, y luego un sujetapapeles con una hoja que debes firmar, reconociendo haber recibido el documento. Sabías que tu matrimonio estaba en problemas —tu cónyuge *ha* parecido estar más distante que nunca— pero no esperabas nada tan definitivo. Garabateas tu nombre, entras de nuevo a tu casa y cierras la puerta, asombrado por la incredulidad. Apenas puedes respirar.

Te encuentras a treinta y siete mil pies de altura, avanzando a cerca de ochocientos kilómetros por hora. Tu computadora portátil está abierta y te dispones a ponerte al día con la correspondencia cuando sientes que el avión se sacude con suavidad. *Solo es algo de turbulencia*, te dices. No obstante, cuando esto sucede otra vez, la sacudida es un poco más violenta. Miras a los otros pasajeros. La mayor parte de ellos no han levantado la vista. Luego se escucha un estruendo fuerte y el avión cae de repente, inclinándose primero a la izquierda y luego de manera violenta hacia la derecha. Mientras los asistentes de vuelo se apresuran a tomar asiento, el capitán anuncia: «Ha habido una falla en el equipo de la nave y estamos buscando el aeropuerto más cercano para aterrizar. Retiren todo de su regazo y estén preparados». Algunos pasajeros lloran, pero la mayoría, como tú, se inclinan en silencio hacia adelante y colocan sus brazos alrededor de sus piernas. No estás seguro de lo que está pasando, pero sabes que es serio. Probablemente peligroso.

Has oído la expresión. Sin embargo, ahora se ha vuelto una realidad: *el infierno se ha desatado*. Para ti. ¿Qué vas a hacer?

Hay una buena probabilidad de que alguna de estas opciones —o una similar— te haya sucedido a ti. Conoces el sentimiento de desesperación. No hay nada que puedas hacer con respecto a lo que sucede. Sin embargo, está sucediendo. Te sientes desnudo y vulnerable... y muy asustado.

¿Qué hiciste cuando esto ocurrió? ¿A dónde te llevó tu mente? ¿Se trataba de una caída libre, o había algo a lo que aferrarse?

Incluso si en este preciso momento no estás experimentando

uno de esos sucesos que producen pánico, piensa en uno por el que hayas atravesado en el pasado. ¿De qué manera te sentiste? ¿Qué cruzaba por tu mente? ¿Puedes recordar qué hiciste al enfrentar esa crisis inesperada?

La historia está condimentada con los relatos de gente ordinaria, como tú y yo, que han enfrentado crisis indescriptibles. Cuando niño, me sentía cautivado por estas anécdotas. Trataban de personas que habían enfrentado con entereza sus propios momentos de «infierno desatado». Lo que hicieron fue increíble.

Un niño pequeño y un libro

En un rincón de la sala de mi niñez se hallaba una enorme silla tapizada, ubicada junto a una chimenea de piedra café. Detrás de la silla había un pequeño librero de mediana altura, construido hábilmente en una esquina.

El espacio triangular que quedaba en la parte trasera de la silla era un lugar ideal —un fuerte— para que un niño se acostara boca abajo y leyera un libro. El niño era yo y el libro era *El libro de los mártires de Foxe*.

Mi papá, siendo ministro, había comprado este libro con intenciones específicas. Sus hijos necesitarían prepararse. El infierno iba a desatarse para los Estados Unidos.

La Guerra Fría se encontraba en su apogeo. La Unión Soviética estaba blandiendo su armamento, su retórica estridente y hortera. «Los enterraremos», dijo Nikita Khrushchev a un grupo de embajadores occidentales. Y el teniente coronel William K. Harrison, un comandante del ejército durante la Guerra de Corea y amigo personal de mi papá, le había dicho de manera muy clara que nuestra generación enfrentaría la persecución.

Nos encontrábamos a finales de la década de 1950 y yo tenía diez años cuando conocí por primera vez a Thomas Bilney en las páginas de *El libro de los mártires de Foxe*. Thomas era un estudiante de la Universidad de Cambridge en el siglo dieciséis. Él había mostrado un destacado amor por aprender. Era la clase de hombre que yo deseaba llegar a ser.

1. Antes de que el infierno se desate...

Recuerdo haberme sentido atraído por su valor y su determinación. Thomas era un joven gentil y humilde que estudiaba leyes y religión. Estaba fascinado en particular con la Biblia y las afirmaciones del cristianismo. Su interés se transformó en pasión cuando se volvió un devoto seguidor de Jesucristo.

Luego de la graduación, muchos de sus amigos eligieron profesiones «respetables». No obstante, Thomas y su amigo Thomas Arthur dedicaron sus vidas a contarles a otros acerca de su amor por Dios. Su misión les llevó a las celdas de la prisión y a las áreas más pobres de Londres. Al principio, Thomas Bilney predicaba en reuniones pequeñas en hogares privados, pero a medida que la calidad y el poder de su prédica y enseñanza crecieron, creció también el tamaño de su congregación. Él invadió las iglesias con convincentes mensajes del juicio y la gracia de Dios. «La salvación es solo por medio de Cristo», predicaba. «Los ritos, los rituales y las obras son vanos a menos que sean hechos en Cristo».[4]

Un día, mientras viajaba a través de Norwich, una ciudad cincuenta millas al noreste de Londres, Thomas se detuvo para visitar a una mujer en su casa. Él le dio una copia de la *Biblia Tyndale*, traducida al inglés. Sabía que esto iba contra la ley.

Debido a la distribución ilegal de las Sagradas Escrituras, Thomas Bilney fue capturado y puesto en prisión. Luego de haber sido juzgado y condenado por la iglesia, y negándose de manera rotunda a arrepentirse de sus acciones o retractarse de sus creencias, Thomas fue sentenciado a morir en la estaca.

El 19 de agosto de 1531 era un día ventoso, y cuando la primera gran flama ardió en su rostro, quemando su barba, sus cejas y sus pestañas, Thomas ni siquiera parpadeó. Dado que la gente se había reunido para ver el espectáculo, el gentil Thomas Bilney gritó «¡Jesús!» y «¡Creo!». Pronto las llamas acabaron con su vida, la ropa que cubría su cuerpo se quemó, su cabeza desnuda se carbonizó. Uno de los ejecutores retiró el seguro de la cadena que sostenía su espalda a la estaca y el cuerpo de Thomas cayó en el fuego, siendo pronto consumido por completo.

Mi corazón latía con tal furia en mi pequeño cuerpo mientras leía esta historia, que podía sentir mis sienes vibrar con fuerza. Estaba sobrecogido por el coraje de Thomas, por su falta de temor ante el espectro de su inminente ejecución, simplemente porque amaba a Cristo y creía en él. Recuerdo sus últimas palabras cuando las llamas lo quemaban. Él gritó «¡Jesús!» identificando a su salvador. Y «¡Creo!» dejándole saber a todos los presentes que ninguna fuerza externa sería capaz de extinguir lo que él sabía que era verdad. Nada, ni siquiera el terror, tendría el poder de cambiar su mente. Para Thomas, el infierno se había desatado y él lo había enfrentado con seguridad.

¿De dónde provenía esta seguridad incondicional? ¿Cómo murió con tanta confianza y aplomo?

Además de a Thomas Bilney, *El libro de los mártires de Foxe* me permitió conocer a otros. Gente con nombres graciosos, como Policarpio, Crisóstomo, Denisa, Wicliffe y otros hombres... así como también mujeres e incluso niños que murieron de maneras innombrables por su creencia en Cristo.

Lo irónico para mí era que estas personas murieron porque *eligieron* hacerlo. El infierno que ellos enfrentaron pudo haber sido evitado. Con solo renunciar a su amor por Jesucristo o desistir de su pasión por predicar pudieron haberse asegurado la libertad y la seguridad, pero no estuvieron dispuestos a hacerlo, sino que algunos de estos mártires cantaron himnos mientras sus cuerpos eran quemados en la estaca. Algunos oraban en voz alta por sus ejecutores mientras las espadas atravesaban sus cuerpos. Otros citaban las Escrituras mientras los perros salvajes los devoraban. Como obedientes aprendices, varios de ellos sostuvieron afilados cinceles contra sus propios brazos mientras sus torturadores los clavaban a sus extremidades... y todo esto al mismo tiempo que les decían a estos monstruos que Dios los amaba. Y los perdonaba.

Lo que me fascinaba en ese entonces, y todavía lo hace en la actualidad, es que cada tortura que estos santos enfrentaron avivó sus creencias. El infierno que ellos soportaron los despojaba de sus dudas, sellando su determinación. Su fe era suficiente.

Pocos años después

Cuando estaba en la universidad, casi diez años después de mis encuentros durante la infancia con estos mártires, hubo otros valientes hombres que conocería. Hombres de mi época. Una comprensión de por qué las historias de los mártires me habían emocionado de un modo tan poderoso se hizo evidente a través de las vidas de personas a las que en realidad conocía. Como por ejemplo, Scott.

> *El infierno que ellos soportaron los despojaba de sus dudas, sellando su determinación.*

Era una cálida tarde de domingo en la que no hacíamos nada en particular durante la primavera de 1968. Yo cursaba el primer año en la Universidad Taylor. Mientras caminaba por el pasillo hacia mi alcoba en la residencia universitaria, vi una cosa poco común, incluso en nuestra ya famosa ala. Un policía estatal de Indiana estaba parado frente a la puerta de alguien, golpeándola. Cuando me acerqué, se dio la vuelta y me preguntó: «¿Sabes dónde está Scott Hawkins?».

Había visto a Scott y a su novia, Jenny, salir del campus en el carro de él varias horas antes. El oficial me preguntó si estaría dispuesto a buscar a Scott y entregarle un mensaje importante.

«La madre, la hermana y el hermano del señor Hawkins han tenido un serio accidente automovilístico», comenzó, hablando de un modo formal y categórico, sin ninguna emoción. «Se encuentran en el Hospital Comunitario de Wabash y el señor Hawkins necesita ir lo antes posible».

Le prometí encontrar a Scott y estuve de acuerdo en darle la noticia. El oficial me agradeció, se dio la vuelta, y se alejó caminando, desapareciendo detrás de la puerta al final del pasillo.

La frenética búsqueda de Scott y Jenny terminó alrededor de treinta minutos después, cuando los encontré regresando al campus. Les hice señas para que disminuyeran la velocidad. Luego me precipité hacia el auto para darles la noticia que había traído el oficial y las indicaciones respectivas. Al principio Scott pensó que estaba bromeando, pero la mirada en mi rostro le hizo saber que esto era verdad. Se despidió de Jenny, subió a mi auto, y salimos a toda velocidad.

Casi dos horas después de que el oficial me había dado la noticia, Scott y yo llegamos a un austero edificio color vino. El letrero iluminado en el jardín decía Hospital Comunitario de Wabash. La puerta frontal estaba cerrada con seguro, pero un pequeño letrero colocado en ella indicaba: «Toque el timbre luego de terminado el horario», el cual se encontraba en una pared de ladrillo a unos pocos centímetros.

La enfermera nocturna abrió la puerta con suavidad y preguntó nuestros nombres. «Él es Scott Hawkins», dije, señalando con la cabeza a mi amigo. Ella abrió rápidamente la puerta del todo y entramos a un pequeño vestíbulo. «Necesitan presentarse en la enfermería del segundo piso», nos dijo señalando en dirección a un ascensor.

Scott y yo nos dirigimos al segundo piso en silencio, tal como lo habíamos hecho durante el viaje de dos horas desde Taylor. Fuera del elevador, el piso del oscuro pasillo brillaba como un espejo pulido, reflejando las luces fluorescentes ubicadas sobre la enfermería. A medida que nos acercábamos al mostrador, nos cruzamos con una camilla arrimada a la pared, en la que yacía un pequeño niño tapado con una sábana que le cubría hasta su barbilla. Desde el puente de su nariz hasta el tope de su cabeza estaba cubierto con vendas blancas. El niño estaba durmiendo. Lo identifiqué como el hermano menor de Scott, Tim. Él estaba enfocado en hablar con la enfermera de turno, así que no lo había reconocido.

La enfermera condujo a Scott hasta una habitación a unas pocas puertas de distancia. Yo le seguía unos pasos atrás. Cuando su madre lo vio desde la cama, se echó a llorar y se abalanzó hacia él. Scott se inclinó sobre la cama y la abrazó.

De repente me sentí muy incómodo, así que di un paso atrás hacia el pasillo y regresé a la enfermería.

1. Antes de que el infierno se desate...

«¿Cómo está la hermana de Scott?», pregunté. «¿Dónde está?» La enfermera apartó la mirada de su trabajo, pero no habló. Ella sabía que yo no era Scott y no se sentía obligada a darme ninguna información. Recuerdo haberme sentido avergonzado por preguntar.

Divisé una silla en el oscuro pasillo a una corta distancia y me senté. Esta era la primera vez que había estado solo desde que encontré a Scott al otro lado del campus.

Scott Hawkins era el joven cristiano más comprometido que conocía. Su padre había muerto de cáncer del colon apenas seis meses antes. Ahora su madre y su hermano menor yacían en las camas de un hospital con algunos huesos rotos y contusiones. Su hermana, Shelley, se encontraba en cuidados intensivos y nunca recobraría la conciencia.

Inclinado hacia adelante con mis manos juntas bajo mi mentón, recuerdo haber sentido un inquietante malestar mezclado con asombro... que no se diferenciaba de las emociones que sentía al leer siendo niño el libro sobre los mártires.

Mi mente estaba llena de preguntas: *¿Hay algo en lo profundo de mí que me permitiría sobrevivir si esto me estuviera sucediendo? ¿Podría mi fe, —mis creencias—, sostenerme si esta clase de golpe demoledor me ocurriera?* Así como Thomas Bilney, Scott parecía listo para enfrentarlo. El horror, el dolor, la pérdida. Ciertamente él estaba quebrantado por lo que sucedía, pero su discreta calma, la serenidad que vi en él, era palpable.

En medio del silencio, concluí que *no estaba* listo para enfrentar tal situación si me estuviera sucediendo a mí. No obstante, en ese momento resolví que haría todo lo necesario para *estar* listo. Nada más en el mundo importaría.

Habiendo crecido en un sólido hogar cristiano, había dejado a un lado con habilidad la necesidad de volverme independiente en lo espiritual, sencillamente haciendo mías las creencias de mis padres. Sin embargo, esto ya no ocurriría más. Iba a dejar de vivir la fe solo en las buenas, siendo un adolescente infantil en lo espiritual. Sabía que había llegado el momento de crecer... el tiempo de convertirme en un hombre.

Era tiempo de leer otro Libro sobre gente maravillosa.

UN PUÑADO DE HÉROES BÍBLICOS

La Biblia está llena de historias de hombres y mujeres muy parecidas a las de mis héroes de la infancia de *El libro de los mártires de Foxe*, personas que enfrentaron adversidades impensables, algunas inesperadas y otras escogidas por ellos mismos. Muchas aparecen en el capítulo 11 del libro de Hebreos, en el «Salón de la Fama» del Nuevo Testamento. Si miras la lista de los santos a través del prisma de «el infierno se ha desatado», sabrás a lo que me refiero:

A Abraham se le pide que deje todas aquellas cosas y personas que le son familiares y parta hacia otro lugar. Él no tiene idea de a dónde va, pero se marcha de todos modos.[5]

Luego de una vida de infertilidad, a una posmenopáusica Sara se le dice que va a tener un hijo varón... y que una nación será establecida por medio de él.[6] Ella casi se desmorona bajo la presión. Casi.

Más adelante, a Abraham se le ordena que tome un cuchillo y sacrifique a Isaac, el hijo de la promesa.[7] Él obedece.

El escritor de Hebreos menciona a otros, como Abel, Enoc, Isaac, Jacob, José, Moisés, Rajab, Gedeón, Barac, Sansón, Jefté, David y Samuel. Lee sus relatos y verás un atisbo del libro de Foxe: tortura, burla, azotes, pobreza, aflicción y tormento.

Noé, uno de mis tres héroes favoritos de la Biblia, es nombrado también. De otro favorito, Daniel, se dice que cerró «bocas de leones».[8] Sin embargo, no se menciona en lo absoluto a un tercer héroe bíblico, Esteban. Tal vez el autor lo tenía en mente cuando escribió las palabras que describían a aquellos que «el mundo no merecía».[9]

Antes de que nosotros sepamos de Esteban, Jesús ha ascendido al cielo luego de su resurrección. Él apeló a que sus seguidores fueran sus «testigos tanto en Jerusalén como en toda Judea y Samaria, y hasta los confines de la tierra».[10]

1. Antes de que el infierno se desate...

Habiendo tomado este encargo muy en serio, los discípulos se encontraban viajando y predicando a lo largo de todo el mundo conocido, pero había un inconveniente.

Mientras las iglesias se establecían, existía una creciente conciencia de que algunos miembros de la comunidad se hallaban sufriendo. Aunque se predicaba la Palabra de Dios y la gente era espiritualmente alimentada, los discípulos tenían un problema. Había convertidos que tenían necesidades físicas que estaban siendo pasadas por alto.

Era necesario designar a alguien para que atendiera las necesidades temporales del pueblo. No se nos dice con exactitud cómo realizaban sus selecciones, pero a la primera persona que escogieron fue a Esteban, un «hombre lleno de fe y del Espíritu Santo».[11]

Como sucede a menudo cuando una persona destacada va más allá y encuentra el éxito, incluso en el servicio, algunos líderes religiosos beatos que solían sentirse amenazados con facilidad fueron abatidos por oleadas de envidia. Un día, un puñado de matones del templo atacó a Esteban y lo arrastró hasta el Sanedrín, conformado por setenta y uno de los más poderosos judíos de la región. Al igual que Jesús, Esteban fue acusado de blasfemar por un puñado de mentirosos que pasaron adelante a contar historias sobre lo que él estaba predicando. «Le escuchamos decir que este Jesús de Nazaret destruiría este templo y cambiaría nuestras costumbres», dijeron ellos.[12]

Ahí estaba Esteban, que con toda generosidad atendía las necesidades de las viudas y los huérfanos y aun así era acusado falsamente de hablar *en contra* del Dios que amaba, del mismo al que estaba sirviendo. Las acusaciones eran intolerables.

No hay dudas de que Esteban sabía que estos hombres lo estaban acechando. Y no estarían satisfechos hasta que lo silenciaran de una u otra forma. Él *debía* conocer el destino que le esperaba si hablaba a favor de Jesús en presencia de estas personas.

Entonces el sumo sacerdote cometió la más grande equivocación de su carrera. Abrió su boca. «¿Es esto cierto?», preguntó.

¿Y cuántas veces crees tú que el sumo sacerdote deseó haber retirado esa pregunta durante los minutos que siguieron?

Para Esteban, el infierno estaba a punto de desatarse. ¿Qué haría? Él pudo haberse escapado. Sus enemigos deseaban que admitiera que estaba equivocado y rectificara su comportamiento. Si Esteban se hubiera sometido, habría sido liberado.

En lugar de ello, miró a los rostros llenos de abyecta hipocresía —setenta y un hombres con el poder para ejecutarle— y entonces habló. Con una irritante precisión y destreza, Esteban reveló la falsa piedad de estas personas.

Durante los siguientes minutos, comenzando por el relato de Abraham, su padre espiritual, Esteban resumió los tratos de Dios con su pueblo a través de la historia judía. «Una y otra vez, los patriarcas y profetas fueron rechazados y perseguidos», criticó con severidad.

El consejo reunido estaba bastante bien versado en las historias familiares de muchos de sus héroes. A pesar de ello, quedaron fascinados por el conocimiento de Esteban acerca de su amada herencia. Sin embargo, toda la presentación, un tratado brillantemente concebido sobre la autenticidad de Jesús el Mesías, constituyó un deslumbrante montaje.

«Ustedes son como ellos», dijo con estruendo. «Ustedes cabezas duras intolerantes, que rechazan de forma deliberada al Espíritu Santo. Ustedes son como sus antecesores, que mataron a todo hombre que profetizaba la venida de aquel que habían estado esperando. Ustedes lo han hecho de nuevo con Jesús de Nazaret … ¡Y no tienen excusa!».[13]

El valor de Esteban es indescriptible. Con todo, la forma en que está preparado para enfrentar el infierno en ese momento es incluso más increíble.

Imagina a estos hipócritas religiosos, engalanados con sus elaboradas vestimentas, gruñéndole a Esteban cual perros. ¡Qué escena deben haber hecho mientras lo arrastraban y empujaban fuera de los límites de la ciudad, lanzándole puñados de piedras a lo largo de todo el camino!

Mucho antes de que fuera forzado a enfrentar el trauma del momento, con seguridad Esteban tenía claras aquellas cosas que no eran negociables. La verdad lo mantenía firme. Él estaba listo.

Y la importancia de apoyarse en la verdad y estar listo no solo se limita a los personajes de la Biblia.

Derribar al hombre

¿Quién le prestaba atención a los huracanes? Ciertamente nosotros no.

En Pensilvania, Chicago, Texas central, Indiana y el medio de Tennessee, los lugares en los que he vivido, la única ocasión en que estas gigantes e impetuosas tormentas se convertían en tema de conversación era cuando se tornaban catastróficas. Tal es el caso de Camille en 1969, que azotó el golfo, o del furioso Hugo a lo largo de la costa este en 1989, o de Andrew en 1992, cuando desoló el sur de la Florida.

En enero del 2000, Bobbie y yo nos mudamos al centro de la Florida. Y aunque nos estábamos trasladando a un estado donde los huracanes se convierten en algo personal, nuestros nuevos amigos y los residentes de toda una vida de nuestra localidad se mostraban indiferentes con respecto a ellos. Claro, estaba la tormenta tropical ocasional que quedaba como secuela de un huracán costero, arrancando uno o dos árboles, pero viviendo a ochenta kilómetros del océano y a casi ciento diez del golfo, pensamos de manera ingenua que no había nada de qué preocuparse.

Entonces una mañana de agosto, cuatro años y medio después, mientras cubría abundantemente de mermelada mi tostada, el canal del tiempo reportó un huracán categoría tres (210 km/h) llamado Charlie, el cual estaba asolando a Cuba. Una vez que salió de Cuba, los modelos computarizados iniciales mostraron que la tormenta había dado un giro hacia el norte, con Tampa y San Petersburgo en su mira.

Luego de pasar por Cuba, Charlie se había debilitado levemente, bajando a categoría dos (180 km/h). Sin embargo, en menos de dos horas dio un abrupto giro hacia el noreste, reuniendo fuerzas para convertirse en una tormenta de categoría cuatro (240 km/h) y enfilándose a tocar tierra en la zona de Fort Myers. El nuevo modelo de computadora mostraba que el huracán se dirigía directamente a la península de la Florida. Así que nuestra casa estaba en la ruta pronosticada de la tormenta.

Recuerdo la sensación de desazón, del tipo que te retuerce las entrañas y hace que la posibilidad de respirar profundo sea temporalmente imposible. Tú sabes a lo que me refiero, ¿verdad?

No obstante, a medida que ese día se desarrollaba, el cielo se mantuvo claro y la brisa «suave y variable». Un día perfecto en la Florida. Las conversaciones del vecindario no revelaban ansiedad alguna. Ni terror, ni miedo. En realidad, el tono era casi de celebración. Adrian y Anna McCloskey, nuestros maravillosos vecinos irlandeses, regaron la voz de que estaban planeando una «fiesta huracán». Debíamos llevar velas y una botella de cualquier cosa que les gustara. ¿Qué podría ser más divertido que pasar la tormenta con unos buenos amigos?

A la siguiente tarde, el 13 de agosto, los refrescos estaban fríos y unas cuantas velas habían sido colocadas en la puerta delantera. Estábamos listos.

Unas pocas horas después, alrededor de las seis, me encontraba en la oficina del piso superior poniéndome al día con algunos correos electrónicos. Weather.com también aparecía en la pantalla de mi computador mientras hacía un seguimiento de la tormenta. El terror de la mañana anterior había desaparecido por completo. Había más expectativa que preocupación, justo el miedo suficiente como para hacer las cosas emocionantes, como cuando uno se sienta en primera fila en una montaña rusa mientras alcanza el pináculo de la primera cuesta y se prepara para descender bruscamente.

Charlie había orillado en Cayo Costa, una pequeña comunidad al norte de Fort Myers, con vientos de hasta 240 km/h. Y se movía con rapidez hacia el noreste. Las palmeras frente a nuestra casa se inclinaban a medida que los vientos se incrementaban. La

1. Antes de que el infierno se desate...

lluvia arreciaba, ondeando sobre la calle como si fuera sábanas al viento. No había nada inusual en esto para la Florida central.

Me pregunto a qué hora deberíamos ir a la casa de los McCloskey...

Alrededor de las ocho y media sucedió algo que nunca olvidaré. El sonido de la tormenta afuera se volvió violento y furioso. No se parecía al sonido familiar de una tormenta fuerte, a la cual estábamos acostumbrados. Esto era algo diferente y yo lo sabía. Parecía más el silbato de una locomotora que el sonido de una ducha.

Una explosión de viento y agua se desató frente a nuestro hogar. Nuestra casa tembló por el impacto. Una oleada de tornados, que a menudo preceden a un huracán que atraviesa tierra, golpeó nuestro vecindario. Nuestra casa de dos pisos crujía de manera ostensible y se enfrentaba con vientos que nunca antes había conocido. El agua de inmediato se filtró por cada puerta y ventana que daba al sur. Un transformador a menos de una cuadra de nuestra casa estalló. Las luces se apagaron. Me apresuré al clóset de la ropa blanca para reunir tantas toallas como mis brazos pudieran sostener.

<u>Después de todo, no estaba listo</u>.

Por supuesto, la fiesta de los McCloskey nunca se llevó a cabo, y tampoco la recordé hasta la mañana siguiente. Supimos después que cada uno de nuestros vecinos tuvo una experiencia idéntica cuando los tornados golpearon. Así que nadie se presentó a la fiesta.

Cuando llegó el alba, salí a caminar por el vecindario para examinar la destrucción. Incapaces de mantenerse en pie ante la furia de Charlie, enormes árboles habían caído hacia la calle e incluso unos pocos sobre las casas de sus propietarios. Un gran roble detrás de nuestra casa era una de las víctimas de la tormenta, golpeando casi nuestro dormitorio al caer.

En unas pocas horas los vecinos llenaron las aceras y las calles. Ninguna persona en nuestro vecindario poseía una sierra eléctrica, así que tuvimos que cortar y trozar los árboles a mano. Personas que nunca habían hecho nada más que inclinar su cabeza o agitar su mano para saludar a la gente en la calle mientras conducían sus vehículos, ahora estaban trabajando y sudando hombro a hombro, cortando, embolsando y barriendo. Por cruel que hubiese sido Charlie, el efecto global de su ventosa estela se estaba mostrando aquí en nuestro vecindario. La ferocidad desatada sobre nosotros nos había despojado de todo, excepto de lo que era más importante para todos: la seguridad de los unos y los otros. Con todo, esto no fue lo último en cuanto a las tormentas.

Cómo afirmar los cimientos

Menos de dos semanas después, los expertos en climatología identificaron otro torbellino grande que se dirigía hacia nosotros. A diferencia de Charlie, Frances estaba dirigido al lado este de la Florida, predestinado a tocar tierra en la ciudad de Stuart. Los pronósticos computarizados mostraban una vez más su travesía directamente sobre nuestra ciudad.

No estuvimos preparados para Charlie, pero no íbamos a ser sorprendidos de nuevo. Al mirar en retrospectiva, resulta casi divertido recordar las filas de gente recopilando material. Cientos de planchas de madera prefabricada fueron traídas a nuestra área. Las tiendas se quedaron sin agua embotellada y baterías para linternas.

Dispuesto a hacer cualquier cosa para salvar a nuestros dos grandes árboles de roble restantes, compré una docena de vigas de dos y medio metros de largo y cinco por diez centímetros para sujetar los árboles y protegerlos de la tormenta.

Recordando lo que había visto hacer a los profesionales, corté parte de las vigas en bloques de alrededor de medio metro y les hice una muesca para sostener los puntales. Luego uní los bloques a los árboles con tiras de acero perforado, conectando los dos extremos de las mismas con un perno. El paso final fue colocar las vigas apoyadas en los bloques a manera de trípode.

Decidiendo que necesitaba hacer uno de los hoyos de las tiras más grande para que cupiera el perno que la sujetaría al árbol, saqué mi taladro del garaje.

1. Antes de que el infierno se desate...

En mi apuro cometí un funesto error. En lugar de apoyar la tira de acero sobre el bloque de madera, sostuve uno de los extremos del acero con mi mano izquierda mientras oprimía suavemente el botón con mi mano derecha y comenzaba a taladrar. Con las primeras rotaciones, el taladro se trabó dentro del hoyo que estaba tratando de agrandar. De manera inexplicable, no solté el botón del taladro. En lugar de ello, lo apreté para que girara a toda velocidad.

En cuestión de segundos, tres pies de acero atravesaron mi mano como una navaja, envolviéndose en el portabrocas como si fuera la llave de una lata de sardinas. Era como si yo hubiera agarrado la hoja de una espada y alguien la hubiera halado a través de mi mano izquierda cerrada.

Cuando la tira terminó su vuelo a través de mi puño, me detuve horrorizado, observando el blanco brillo de los huesos de dos de mis dedos.

«¡Oh, Jesús!», grité a todo pulmón. «¡Señor Jesús! ¡Señor Jesús! ¡Señor Jesús!».

Mi amigo Jerry Cummins, que había venido unos minutos antes a ver si podía ayudarme, corrió hasta nuestra casa. Con mi sangre regada en sus zapatos, Jerry salió frenéticamente en busca de Bobbie.

Para Bobbie y para mí, la trayectoria de veinte minutos hasta el consultorio del Dr. George White fue como uno de esas experiencias que mencioné al inicio de este capítulo. Con mi mano envuelta en una bolsa de hielo y cubierta por una toalla, este fue uno de esos sucesos que te cambian la vida y en los que el infierno se desata.

Conduciendo tan rápido como podía a través del legendario tráfico de Orlando, Bobbie lloraba mientras oraba en voz alta. Ella le afirmaba al Padre que nosotros confiábamos en él en este horrible momento. Le pedía una especial gracia para mí, sin importar cuál fuera el resultado. Incluso comenzó a cantar en quebrantadas y suaves notas la tercera estrofa del himno que vino a mi mente el día que Julie nació, treinta años antes.

> No temas, contigo estoy, no desmayes;
> tu Dios soy y ayuda te doy;
> te fortaleceré, ayudaré y afirmaré;
> con mi mano justa y omnipotente te sostendré.[14]

A pesar de la sorprendente fortaleza y valentía de Bobbie, mi cuerpo estaba temblando de la impresión. Recordando a mi abuelo, que había perdido todos los dedos de su mano izquierda en un accidente en la granja, mi mente repetía las pesadillas que había experimentado siendo un niño, cuando temía la misma suerte.

Estaba lleno de incertidumbre, quejándome con terror, mientras conducíamos hacia el este por la Interestatal 4 en dirección al consultorio del cirujano. Apoyando mi cabeza hacia atrás, hice mi mejor esfuerzo para tranquilizar mi espíritu y descansar en el cuidado y la providencia de Dios. Traté de que las palabras del himno me llenaran de paz y me dieran la seguridad de que Dios había escuchado la oración de Bobbie.

¿Has tenido en tu vida momentos determinantes como este? ¿Ocasiones en que las cosas nuevas en tu guardarropa, conducir un auto último modelo o ascender en la escalera corporativa simplemente *no importaban*?

¿Instantes en los que parecía que todo el infierno se había desatado para ti?

Estas son las ocasiones en que tú y yo necesitamos la solidez de las cosas que no cambian ni cambiarán… ante el ulular de la sirena o una llamada telefónica sorpresiva, ante el inesperado golpecito en la puerta, ante el trauma a treinta y siete mil pies o conduciendo hacia el consultorio del doctor.

La parte de aclarar las ideas

¿Has visto alguna vez a un carpintero clavar un clavo? Es todo un espectáculo.

Un sujeto que sabe lo que está haciendo con un martillo retrocederá con todo su brazo, y con la precisión de un francotirador, incrustará el clavo en la madera. Con dos o tres golpes, incluso el más largo de los clavos es colocado en su lugar. Los aficionados, como yo, levantamos el martillo unas pocas pulgadas del clavo y lo golpeamos varias veces con cautela, haciendo nuestro mejor esfuerzo para dar un golpe certero. ¿Puedes notar la diferencia?

El golpe final del martillo de un carpintero deja el clavo bien asegurado, introduciendo la cabeza del mismo en la superficie de la madera. Un experto te dirá que este golpe es el que confirma la totalidad del poder de permanencia del clavo.

Al final de cada uno de los siguientes capítulos, hay una corta sección llamada «Poniendo las cosas en claro». En esta sección, le daremos un último vistazo a lo que hemos discutido. Luego, como carpinteros profesionales, llevaremos el «clavo» hasta lo más profundo de la superficie de nuestras mentes.

¿Estás listo para empezar? ¡Aquí vamos!

2

La primera cosa a tener clara
Dios es Dios: el Creador... santo, soberano y misericordioso

¿Cuál es la verdad más importante que has llegado a oír? ¿Qué podría regir cada dimensión de tu vida y pensamiento desde hoy hasta el día de tu último aliento?

Hasta que tú y yo tengamos la siguiente afirmación clara en nuestro propio pensamiento, las inevitables tragedias —el infierno que se desata— serán nuestra ruina. No obstante, si tenemos esta cosa clara, nuestro propósito será definido y nuestra paz será cierta.

Así que, aquí está... en resumen: Dios es Dios.

Eso es todo. Puro. Simple. Dios es Dios.

En los Estados Unidos, afirmar la existencia de Dios no es gran cosa. Durante décadas, se han realizado encuestas preguntándoles a los ciudadanos en los centros comerciales y las calles de las ciudades si creen en Dios. Aunque los números cambian ligeramente de una encuesta a otra, el resultado es casi siempre un contundente noventa por ciento de respuestas afirmativas. Así que es probable que pienses que es una exageración el peso que le estoy dando a la suposición de que Dios es Dios.

En otras palabras, ¿por qué resulta tan importante que algo que es tan ampliamente aceptado deba quedar claro? Con una mayoría del noventa por ciento, ¿no tenemos *ya* esta primera cosa clara?

Vamos a guardarnos la respuesta para el final de este capítulo.

Dios es maravilloso, Dios es bueno... Dios es Dios

¿Recuerdas haberte preguntado sobre Dios cuando eras niño? Es probable que lo hicieras. Yo pensaba mucho en Dios cuando era joven.

Asistir a la iglesia con regularidad, cantar himnos y escuchar las lecciones de la Escuela Dominical y los sermones fue ciertamente una razón importante para mi curiosidad. Sin embargo, había algo más que estos acostumbrados rituales. En realidad, Ken, el hermano que me precedía, y yo solíamos hablar tarde en la noche acerca de Dios. «Solo piensa...», era la forma acostumbrada de iniciar nuestras conversaciones. En la oscuridad, desde nuestras literas, hablábamos de la preexistencia de Dios.

«Solo piensa», decía uno de nosotros, «Dios ha existido siempre. Él no tuvo principio». Y nos acostábamos en silencio en la oscuridad y pensábamos sobre cuán grande podía ser Dios. Cuán misterioso.

«Solo piensa», señalaba el otro, interrumpiendo la quietud. «No hay fin para el espacio. Sigue, sigue y sigue... y nunca se detiene. Y Dios hizo todo eso».

Y luego más silencio.

Desde aquellos años de mis conversaciones en las literas, mi infantil búsqueda de Dios y la contemplación de su carácter han persistido.

Yo soy

En el Antiguo Testamento, Moisés tuvo una conversación del tipo «Solo piensa»... con el mismísimo Dios. La historia de su vida es muy conocida: la hija del Faraón sacó su cuna flotante del río Nilo, y él creció siendo parte de la realeza. Luego, la liberación de los israelitas y el cruce del Mar Rojo sobre tierra seca se añadieron a su hoja de vida.

2. La primera cosa a tener clara

Sin embargo, creo que el momento más importante en la vida de Moisés fue en el desierto, en un lugar llamado Horeb, cerca de las planicies de Madián. Moisés estaba atendiendo a sus ovejas, preocupado con sus asuntos, cuando un arbusto en llamas le llamó la atención. En realidad, en medio de aquel calor abrasador, el que un arbusto se quemara no era algo excepcional. Lo que no tenía precedentes con referencia a este arbusto en llamas en particular era que tenía voz... y que continuaba quemándose sin consumirse.

—¡Moisés, Moisés! —dijo la voz desde la zarza ardiente.
—Heme aquí —respondió Moisés.
Cuando Moisés se acercó a la llama, la voz volvió a hablar.
—No te acerques más, quítate las sandalias, porque estás pisando tierra santa.
—¿Quién eres? —preguntó Moisés.
—Yo soy el Dios de tu padre. Soy el Dios de Abraham, de Isaac y de Jacob.[1]
Moisés cubrió su rostro. ¿Quién lo culparía?

En la conversación que siguió, Dios envió a Moisés a una misión imposible. Le dijo que regresara a Egipto, se presentara directamente ante el Faraón y le exigiera que liberara a los israelitas.

Por supuesto, Moisés se resistió a cumplir con esta tarea. Aunque el Faraón había conocido a Moisés durante su infancia, él sabía que exigirle algo a alguien tan poderoso podía ser fatal. *Nadie* le decía al Faraón lo que debía hacer.

Así que Moisés arguyó con la voz:
—¿Bajo qué autoridad voy a exigir la liberación de mi pueblo?
—Diles que el Dios de tus padres te ha enviado —fue la respuesta.
—¿Qué tal si me preguntan tu nombre?
Y Dios le dijo a Moisés: «YO SOY EL QUE SOY».[2]

Yo soy... ¿qué?

Cuando tú y yo conocemos a una persona por primera vez, a menudo nos identificamos con alguien más: «Yo soy su esposo». «Yo soy su madre». «Yo soy su vecino». «Yo soy su colega».

Cuando Dios se identificó, no necesitaba un modificador, pues él es por completo independiente. Nadie —*nada*— era necesario para terminar la descripción. El sujeto y el verbo era todo lo que se necesitaba: «YO SOY».

Una de las creencias fundamentales sobre las cuales establecemos nuestros cimientos, la primera cosa que debemos tener clara, es simplemente esta: Dios *es* Dios.

En tiempo presente. Justo ahora. Él debe ser escuchado y respetado.

Dios es personal

Sin importar quién seas, dónde estés, lo que estés haciendo, diciendo o pensando... Dios es Dios. Él está aquí. Justo aquí. Justo ahora. En este momento. Observándome. Observándote. Observando y escuchando.

> Una de las evidencias de que Dios es Dios son las obras de sus manos. Solo fíjate en lo que él ha hecho.

Cientos de años después de la experiencia de Moisés y la zarza ardiente, el rey de Judá del Antiguo Testamento estaba enfrentando al vasto y poderoso ejército de los etíopes. No obstante, a pesar de las abrumadoras adversidades, Dios preservó a su pueblo y le otorgó la victoria. Al resumir la batalla, la Biblia habla de la vigilancia de Dios: «El SEÑOR recorre con su mirada toda la tierra, y está listo para ayudar a quienes le son fieles».[3]

Tal como las cámaras escondidas que nos mantienen controlados cuando entramos a una tienda, el ojo atento de Dios está entrenado para vigilar todas las cosas que hacemos... incluso nuestros pensamientos.

Este es el Dios que es *Dios*.

2. La primera cosa a tener clara

Dios es Dios: El Creador

Una de las evidencias de que Dios es Dios son las obras de sus manos. Solo fíjate en lo que él ha hecho.

Las primeras diez palabras de la Biblia nos dan el punto de partida: «Dios, en el principio, creó los cielos y la tierra».[4]

Lo que me encanta de estas palabras es que la creación de Dios habla, en realidad grita, acerca de la presencia de un Planificador Maestro en su diseño. Las palabras son una cosa; los resultados son su confirmación.

Empecemos por ti

Fuiste creado por Dios en un despliegue maravilloso de su habilidad.

Sin importar quiénes sean tus padres y la historia secreta de tu concepción, no eres un accidente. Tu nacimiento estaba previsto desde el principio del tiempo. Tu cuerpo fue formado de manera intencional y meticulosa dentro del vientre de tu madre. Cada célula; cada vaso sanguíneo; cada hueso; cada dedo de la mano o del pie y cada órgano estaban destinados a existir justo a tiempo y según lo planificado... desde antes de la fundación del mundo.[5] Y a partir del momento en que tomaste tu primera bocanada de aire hasta este instante en que lees estas palabras, tus órganos internos han funcionado sin tu ayuda. (¿Cuándo fue la última vez que le dijiste a tu bazo que trabajara?).

El Aeropuerto Internacional de Orlando es nuestro campo de aviación. Cada año, más de cuarenta y cinco millones de visitantes llegan a nuestra localidad, y en ocasiones parece que todos están haciendo la fila al mismo tiempo. Así que, para ahorrarnos una hora o dos cuando vamos a tomar un avión para salir de Orlando, Bobbie y yo compramos lo que se conoce como «Clear Passes». Para obtenerlos, tuvimos que llenar extensos cuestionarios de seguridad y someternos a un profundo escrutinio. También grabaron nuestras huellas digitales y escanearon las retinas de nuestros ojos. Atravesamos por todo un proceso de inspección.

Ahora, cuando vamos al aeropuerto, dejamos atrás a todas las personas que hacen fila —mujeres, niños y adultos que llevan puestas enormes orejas negras de ratón— y vamos directamente a la fila que dice «Clear». Luego ponemos nuestros dedos sobre un identificador o miramos una pantalla. Nuestras huellas digitales y retinas, que son únicas en su clase, coinciden con las que ellos tienen registradas, así que una pequeña luz verde se enciende y nosotros pasamos rápidamente. Ni siquiera debemos presentar nuestros pasaportes o licencias de conducir.

¿Cómo es esto posible?

Porque al crear nuestros asombrosos cuerpos, Dios nos dio huellas en nuestras manos y retinas en nuestros ojos que son por completo distintivas. Nadie que pase por nuestro aeropuerto, o que viva o haya vivido en algún momento en la tierra, posee huellas digitales u ojos que coincidan con los nuestros. Tu huella digital, cada retina, es una entre los múltiples cientos de billones. Esta es una cosa abrumadora en la cual pensar.

Nuestros cuerpos físicos han susurrado el nombre de Dios desde el momento en que fuimos concebidos.

Cada vez que tú y yo nos sentamos a comer, sucede un milagro. Ingerimos verduras y carne, granos y leche, legumbres, pan, huevos, maíz y papas fritas... todas cosas muertas... y Dios las convierte en combustible. Sin que les demos ninguna instrucción, nuestros sistemas, bajo la dirección intencional de Dios, seleccionan todo este material y deciden lo que vale la pena guardar (las verduras) y lo que no (las papas fritas). En el silencio, nuestros órganos retienen los nutrientes para mantenernos funcionando y envían el resto por el camino respectivo.

La Biblia dice que nuestros cuerpos fueron creados; el milagro de la creación revela esta verdad para nosotros cada día.

Mirando hacia arriba

Sin embargo, no es solo la forma en que nuestros cuerpos fueron hechos y la manera en que trabajan lo que susurra el nombre de Dios. La creación fuera de nuestros cuerpos hace lo mismo.

2. La primera cosa a tener clara

En el libro de los Salmos el rey David lo dice perfectamente: «Los cielos cuentan la gloria de Dios, el firmamento proclama la obra de sus manos».[6]

El debate en cuanto a cómo los mundos fueron formados ha sido agudo durante años. Y continuará siéndolo. El Dr. John Lennox, distinguido profesor de matemáticas y filosofía de la Universidad de Oxford, en Inglaterra, ha dicho que el subliminal —y en ocasiones no tan subliminal— mantra del mundo científico es este: «Si quieres tener una carrera en ciencias, es mejor que renuncies a la noción de Dios». Como un seguidor de Cristo, el Dr. Lennox desafía con fuerza tal afirmación.

Por ejemplo, el Dr. Quentin Smith, profesor de filosofía de la Western Michigan University, escribió: «La teoría científica que es confirmada por la evidencia observable nos dice que el universo comenzó sin nada que lo provocara. Si deseas ser una persona racional y aceptas los resultados de la investigación racional sobre la naturaleza, debes aceptar el hecho de que Dios no hizo que el universo existiera. El universo existe sin ninguna causa».[7]

Y el Dr. Derik Parfit, destacado profesor de filosofía de la Universidad de Nueva York, escribió en una ocasión: «No hay pregunta más sublime que la de por qué existe un universo: ¿Por qué hay algo en lugar de nada?[8]

La pregunta del Dr. Parfit es absolutamente apropiada. ¿Por qué *hay* algo en lugar de nada? La respuesta, creo yo, contradice de forma directa la afirmación del Dr. Smith. La razón por la que hay algo es que Dios determinó que *debería* existir, por eso lo ordenó así.

«¡Que *exista*!», dijo Dios, y existió.

«Está bien, ahora pruébalo», podría decir un estudiante inquisitivo, poniendo en duda con su falta de fe la veracidad de mi afirmación. Está bien.

Los científicos, por naturaleza, son sujetos que pasan noches sin dormir concibiendo y luego confirmando sus teoremas en los laboratorios. Sin embargo, la prueba histórica no puede ser establecida de esta forma. Tú y yo no podemos tomar una afirmación histórica y recrearla en un laboratorio para verificarla.

Si me cuentas que fuiste a una cena en uno de tus locales favoritos la noche anterior y yo desafío tu historia, no puedes ir a un laboratorio y recrear el incidente para acabar con la disputa de una vez por todas. Un suceso histórico no puede ser revisado o repetido. Sucedió y el tiempo continuó su marcha.

No obstante, *podrías* buscar maneras de presentar evidencias que disminuyan mi escepticismo: una entrevista con la persona que te sirvió, el testimonio de un amigo al que saludaste en el lugar, un vecino que te vio salir en el auto a las seis y quince. El problema con las «pruebas» históricas es que tal vez nunca puedan eliminar las dudas por completo. Es probable que solo tengas éxito como para mover el péndulo desde la absoluta incredulidad hasta una módica satisfacción.

«Está bien», diría yo. «Supongo que *sí* cenaste ayer por la noche».

Así que, ¿cómo probamos que el Dr. Smith está equivocado? ¿Podemos tomar un burbujeante vaso de precipitados, verter su contenido lentamente en un tubo de ensayos, y probar que él está errado? ¿Cómo le mostramos que el universo *no* existe sin una causa que lo origine?

Démosle un vistazo a dos «evidencias». Estas son mis favoritas.

Orden

Incluso más difícil que creer en un universo no creado es creer que un universo producto del azar pudiera tener algún tipo de orden. Una vez surgido, ¿quién instruiría a los cuerpos celestiales a mantenerse en sus órbitas o sostenerse firmemente en sus galaxias?

La lista de ejemplos podría ser interminable, pero el que sigue es uno sencillo. En algún momento durante este día, ve a www.weather.com, introduce tu código de área, y se te mostrará el pronóstico del tiempo para el día de hoy. En medio de la página podrás ver colocadas la hora para el amanecer y el atardecer de hoy, así como para el amanecer del día de mañana.

2. La primera cosa a tener clara

Pregunta: ¿Cómo saben eso los meteorólogos? ¿Quién le dijo a la tierra que girara sobre su eje y circundara el sol precisamente a la velocidad correcta de manera que el amanecer y el atardecer, tanto de hoy como de mañana, pudiera ser predicho con precisión?

Dios ordenó que estas cosas sucedieran tal como son.

Mi conclusión, aunque puede sonar cínica, no lo es en lo absoluto. Soy tan sincero como puedo. También el Dr. Quentin Smith es un hombre de profunda fe y sinceridad. No obstante, su creencia en un universo «no provocado» niega el orden y la precisión de un universo que da bastante evidencia de haber sido creado.

A continuación, dos ejemplos del orden creado:

- No sé cuán frío puede ser el invierno en el lugar donde vives, pero ningún ser humano puede sobrevivir más de treinta segundos si se expone a temperaturas más frías de setenta grados bajo cero. Sin embargo, miles de personas están haciendo eso en este preciso instante en aeroplanos comerciales presurizados. La atmósfera de la tierra está tan cuidadosamente ordenada que, a menos que estemos viajando en un aeroplano presurizado, un simple viaje a solo treinta y cinco mil pies de altura sobre la superficie de la tierra nos congelaría como cristales de café instantáneo granulado. Imagina con qué precisión nos encontramos ubicados sobre la superficie de la tierra, cómodos con las temperaturas que nos rodean, pero a solo unos pocos kilómetros de una muerte segura.
- Nuestra tierra hace un giro completo cada veinticuatro horas. Dado que la tierra tiene aproximadamente cuarenta mil kilómetros de circunferencia, en este instante tú y yo estamos moviéndonos a más de mil seiscientos kilómetros por hora. Pero eso no es nada. Dado que nuestro planeta circunvala al sol una vez al

año, también estamos viajando a más de ciento siete mil kilómetros por hora. Un policía motorizado nunca tendría las suficientes boletas para multarnos. Una vez más, la creación de Dios está ordenada con tanto cuidado que, aunque nos estamos moviendo a velocidades asombrosas y peligrosas, no nos percatamos en lo absoluto de este movimiento. Según tú y yo, estamos parados perfectamente quietos, aunque nuestros cuerpos están en realidad viajando a través del espacio a miles de kilómetros por hora.

Ah, y una cosa más con respecto al orden de nuestro universo creado: este no solo se limita a los cuerpos celestiales o nuestros cuerpos humanos. La próxima vez que una mosca aterrice en tu mesa de picnic, mira con detenimiento su pequeño cuerpo. Imagina cuán pequeños deben ser los músculos que controlan sus alas y piernas. Y piensa en cómo nos ve con esos ojos compuestos, cada uno de ellos conformado por cuatro mil lentes individuales. De alguna forma, puedo comprender el orden y la construcción en cosas tan majestuosas como las Montañas Gran Tetón y el Gran Cañón, ¿pero en una «simple» mosca doméstica? No me parece.

Una de las confirmaciones de que Dios creó los cielos y la tierra es el orden con el cual su obra continúa operando. Esto no sería posible sin un Creador.

Inmensidad

Mi segunda pieza favorita de evidencia para un mundo creado es su magnitud.

Vamos a divertirnos con esto. Pretendamos que eres capaz de dejar escapar el aire del planeta Tierra como si se tratara de uno de los neumáticos de tu vehículo. Sale tanto aire que toda la tierra se reduce al tamaño de una pelota de golf. Adelante, toma la pelota de golf de la Tierra y ponla en tu mano. ¡Imagina todo nuestro globo terráqueo reducido al tamaño de una Titleist!

2. La primera cosa a tener clara

Dada esta nueva realidad, ¿cuán lejos está tu pelota de golf de la luna?

A apenas algo más de un metro... aproximadamente a cinto veinte centímetros.

¿Y cuán lejos está Marte?

A más de dos campos de fútbol americano de distancia... alrededor de ciento noventa metros.

¿Y el sol?

A casi medio kilómetro.

¿Y la distancia a Próxima Centauri, la estrella más cercana a la tierra?

¡Ciento treinta y ocho mil kilómetros, aproximadamente tres veces y media la circunferencia de nuestra tierra!

Esta es la inmensidad de nuestra galaxia, pero solo estamos examinando la superficie.

Eta Carinae, otra estrella de nuestra galaxia, es tan gigante que si la vaciaras podría contener dentro de sí misma a casi todo nuestro sistema solar, desde nuestro sol hasta más allá de la órbita de Júpiter.

Y esta es únicamente una de los *billones* de estrellas dentro de nuestra galaxia. La Vía Láctea, esta alargada colección de estrellas, es tan enorme que la distancia se mide por cuán lejos podrías viajar si te estuvieras moviendo a la velocidad de la luz: trescientos mil kilómetros por segundo. Yendo a esa velocidad, te tomaría algo más de un segundos llegar a la luna, ocho minutos y medio llegar al sol, y solo cinco horas y cuarenta minutos llegar a salvo a Plutón, el cuerpo celestial más lejano de nuestro sistema solar.

No obstante, atravesar la Vía Láctea en todo su ancho te tomaría cien mil años.

Y ahora... respira profundamente... la nuestra no es la única galaxia. El universo contiene *billones* de galaxias iguales a nuestra Vía Láctea.

¿Cómo podemos tú y yo, en los confines más lejanos de nuestras mentes finitas, incluso concebir que todo esto exista sin un creador?

Una vez más, con todo el debido respeto, el Dr. Quentin Smith es un hombre de una fe extraordinaria si esto es lo que él cree.

Dios es Dios... él es santo

¿Recuerdas cuando Dios le pidió a Moisés que se quitara sus sandalias porque estaba parado sobre suelo «santo»? ¿Qué significaba esto exactamente?

La palabra *santo* se encuentra cientos de veces en la Biblia. Sus sinónimos son muchos, pero la mayoría de las ocasiones quiere decir «perfectamente limpio», «puro», «diferente» y «apartado».

Por desdicha, todos estos sinónimos son inadecuados cuando se trata de definir la santidad de Dios. Él es diferente a cualquier cosa o persona que podamos imaginar. Él es de una perfección inaccesible.

El Dr. James MacDonald lo dice de esta forma: «Dios es más justo y puro, más penetrante y poderoso, más fuerte e impenetrable que cualquier cosa que podamos imaginar. Nosotros comprendemos únicamente de manera fraccionaria, incluso de un modo ínfimo, todo lo que él es. Él es tan diferente —*tan distinto*— tan santo. Cada vez que escuches la palabra *santo*, piensa en separación: él está por completo aparte y es por completo diferente a ti y a mí».[9]

Dios es meticulosamente independiente, en una nueva categoría absoluta. Él es infinito y trasciende cualquier cosa que podamos entender.

El apóstol Pablo le escribió a Timoteo en cuanto a la naturaleza de Dios: «Al único y bendito Soberano, Rey de reyes y Señor de señores, al único inmortal, que vive en luz inaccesible, a quien nadie ha visto ni puede ver, a él sea el honor y el poder eternamente».[10]

La gran ironía sobre la santidad de Dios es que, aunque vive en una «luz inaccesible», nos acerca a él. Nadie lo ha visto nunca (Juan 1:18), pero aun así nos invita a venir a él como sus hijos. Él es un misterio, sin embargo, nos invita a conocerle.

2. La primera cosa a tener clara

Estas verdades contrabalanceadas han provisto a los escépticos y cínicos de un vasto campo de acción desde tiempos inmemoriales. Como el viento, la santidad de Dios es indescriptible, a no ser en virtud de lo que hace... el efecto global de su impacto desatado.

Cuando Isaías, el profeta del Antiguo Testamento, se dio cuenta de que estaba en presencia del Dios santo, su respuesta no fue: «¡Ah, *qué bueno verte*! Hola Dios». Por el contrario, él sintió un terror absoluto. Debido a que la santidad de Dios estaba expuesta, el templo temblaba hasta sus cimientos.[11]

Luego de un día difícil de predicación y enseñanza, una noche Jesús les sugirió a sus discípulos, unos marineros experimentados, que navegaran a través del Mar de Galilea. Ellos así lo hicieron. Sin embargo, en medio de su viaje se toparon con una violenta tormenta. El viento era tan fuerte que el bote comenzó a hundirse. Despertando a Jesús del sueño que estaba disfrutando en la popa, los hombres observaron cómo él aplacó la tormenta con estas palabras: «¡Silencio! ¡Cálmate!».[12] Tú y yo podríamos pensar que los discípulos estarían celebrando unos con otros por lo que acababan de ver. Pero no fue así. En realidad, una vez que presenciaron lo que Jesús había hecho y se dieron cuenta de quién era él, se sintieron más aterrorizados de estar en su santa presencia que de encontrarse atrapados sin ninguna esperanza en las garras de una tormenta.[13]

> *¿Podría ser que cuando el infierno se desata, Dios está permitiendo que el pánico que esto crea nos muestre una pequeña pizca de su santidad?*

En estos dos relatos —el del profeta en el templo y el de los discípulos durante la tormenta— el hecho de mostrarse fue una idea de Dios. Fue él quien puso el mundo de Isaías de cabeza, inspirándole el miedo que lo embargó, así como el horror que transformó a los rudos pescadores en quejumbrosos niños.

¿Podría ser que cuando el infierno se desata, Dios está permitiendo que el pánico que esto crea nos muestre una pequeña pizca de su santidad? ¿Es posible, cuando sentimos que nuestras vidas se han precipitado en la fosa del caos y la desesperanza, que Dios esté preparándonos para su presencia?

En un suave murmullo

Por inspirador que resulte hablar sobre el poder de la presencia del Dios santo, supongo que mi cualidad favorita de su santidad no se ve en los templos que tiemblan o en las tormentas en el mar, sino en algo incluso más extraordinario.

Otro profeta del Antiguo Testamento, Elías, recibió una invitación para ir hasta la cima de una montaña y darle un vistazo a la santidad de Dios: «Como heraldo del Señor vino un viento recio, tan violento que partió las montañas e hizo añicos las rocas; pero el Señor *no* estaba en el viento. Al viento lo siguió un terremoto, pero el Señor *tampoco* estaba en el terremoto. Tras el terremoto vino un fuego, pero el Señor *tampoco* estaba en el fuego. Y después del fuego vino un suave murmullo».[14]

Aunque su impacto puede ser visto de maneras impresionantes, estremecedoras y ensordecedoras, la santidad de Dios en ocasiones puede ser tan profunda como un toquecito gentil a nuestros espíritus, un tierno momento de maravilla cuando sentimos su presencia. La compañía santa de Dios puede llegar a nosotros en la oscuridad silenciosa de una noche de insomnio o a través de un inusual momento de consuelo mientras viajamos en un concurrido tren.

La letra de una vieja canción pone al descubierto la enorme verdad, comparándola con una verdad pequeña como esta: «El es lo suficiente grande para gobernar el poderoso universo, pero aun así lo suficiente pequeño para vivir dentro de mi corazón».[15]

Dios es Dios, y él es santo.

Dios es Dios... y él es soberano

En nuestra conversación sobre el orden del universo y la forma en que los alimentos les proporcionan energía a nuestros cuerpos, habíamos ya tratado sobre la soberanía de Dios.

Aquí es donde nos despedimos de algunos eruditos, aquellos que se consideran deístas. Debido a la inequívoca armonía e inmensidad de la creación, los deístas están de acuerdo en que hubo un «diseñador inteligente». Ellos confirman una creencia en Dios, revelado por la naturaleza y la razón.

No obstante, una vez que la creación estuvo completada, ellos aseveran que Dios se alejó. Por ello no resulta sorprendente que estas personas piensen que la Biblia es simplemente un documento, concebido y redactado por hombres y mujeres que se dieron el trabajo de escribirlo por su cuenta. La verdadera «palabra» de Dios no está impresa. La palabra de Dios *es* la creación en sí misma, según argumentan ellos.

En esta creación, dicen los deístas, el plan de Dios fue crear a la humanidad como administradores del universo y luego dejarnos solos. Esta deidad ha terminado su trabajo y ya no existe nadie con quien sea posible o necesaria una «relación». Solo podemos conocer al artista en retrospectiva. Miramos hacia atrás y estudiamos la obra de arte. Tiempo pasado.

Yo no estoy de acuerdo con esta afirmación.

Un salto hacia adelante

Cuando era niño, había solo tres canales de televisión. Ahora hay cientos de ellos, muchos de los cuales son estaciones de noticias que trasmiten las veinticuatro horas los siete días de la semana. Todos estos canales de noticias tienen en común el formato del debate abierto: sujetos sentados alrededor de una mesa argumentando. En algunas ocasiones los participantes son francos y civilizados. Otras veces son combativos y rudos. Para el fastidio ocasional de Bobbie, admito ser un observador insaciable de estos debates televisivos. Y es probable que tú también los veas.

Sin embargo, después de haber visto muchas «conversaciones» en una mesa redonda, nunca he presenciado el siguiente intercambio.

Experto A: Estas son mis opiniones y conclusiones.
Experto B: Bien hecho, mi amigo… y tú sabes, nunca había

visto el tema desde la perspectiva que me has descrito. Voy a cambiar mi opinión. Le pido disculpas a la teleaudiencia por mi posición previa e inexacta.

Con seguridad, tú tampoco has visto un cambio de dicha magnitud, ¿verdad? En lugar de ello, los lados opuestos se afianzan en su posición, a menudo más disgustados (o furiosos) al final de la discusión que cuando las luces de «al aire» se encendieron.

Soy una persona de fe, un seguidor de Cristo. Con todo, si tú y yo estamos en lados opuestos del debate en temas como la actividad de Dios en el mundo contemporáneo, no creo tener la habilidad para hacerte cambiar de parecer. Solo Dios puede hacer eso.

Si eres un deísta (o un seguidor de aquellas filosofías del libre pensamiento), te invito a dar un salto al capítulo 6, donde tratamos sobre el «don de la fe». En lo que se relaciona con el tema de la soberanía de Dios y su continua actividad en el universo, creo que estas cosas son solo visibles a través de «los ojos de la fe».[16]

La fe es un «regalo» que debe ser recibido, porque es así exactamente como la Biblia la describe.[17] Nadie puede ser inducido por medio de argumentos, persuadido o presionado a tener fe. Podríamos alinear toda la evidencia sana y racional para la fe cristiana que ha sido descubierta, pero una persona solo puede creer en la verdad de la soberanía de Dios cuando la fe está presente. Así como la «prueba» histórica es en última instancia inadecuada para esclarecer toda duda, ningún argumento acerca del cristianismo va a cambiar por completo la mente de una persona. Eso solo sucederá si —y cuando— reciba el don de la fe, la habilidad dada por Dios para creer. Entonces la misma podrá creer también.

La persona que tiene el don de la fe no es más inteligente que aquella que no lo posee. Simplemente ha sido bendecida. Por definición, un don es algo que no se merece y no puede ser ganado o intelectualizado. El desafío para cualquiera al que le falte fe es simplemente atreverse a pedir tal don.

2. La primera cosa a tener clara

¿Por qué es determinante la soberanía de Dios?

¿Es un misterio o un consuelo la afirmación de que Dios, como Creador, continúa muy involucrado en lo que sucede cada día? ¿Es su soberanía la razón lógica dada a la gente de fe cuando las cosas buenas suceden y una racionalización cuando no es así?

De cierta forma, la soberanía de Dios es todo lo anterior.

Así como el orden y la inmensidad son confirmaciones de su creación, la soberanía de Dios es simplemente la conclusión lógica de su eterna pasión por lo que le sucede a lo que ha hecho. Si un buen padre quiere permanecer involucrado en el bienestar de su hijo cuando lo envía a la universidad, ¿por qué no querría Dios hacer lo mismo con su creación? Su soberanía cubre todo... bueno y malo.

A lo largo de todos los registros históricos, tal vez no haya un desafío más manifiesto a la soberanía de Dios que el relato bíblico de un hombre llamado Job.

Tú y yo podemos ver la historia de Job como una secuencia de acontecimientos naturales y aleatorios que Dios pudo haber observado, pero en los cuales no tenía ninguna participación directa. Esta perspectiva nos lleva a la inevitable conclusión de que por pura casualidad, Job fue un hombre muy, muy desafortunado.

En una sola tarde, las siguientes cosas le ocurrieron a Job: su ganado fue saqueado, sus criados asesinados; cayó fuego del cielo y quemó a todas sus ovejas; sus pastores también fueron consumidos; sus camellos fueron robados; los siervos que atendían a los camellos fueron acuchillados; y su casa colapsó sobre sus hijos, aplastándolos a todos.

Si a los sujetos que se ganan la lotería se les considera «afortunados», Job sería un estupendo perdedor: uno entre los diez millones que resultan ser «desdichados». Job califica para ser el prototipo de «el infierno desatándose».

No obstante, luego de un análisis exhaustivo, la historia de Job es el relato de un hombre cuya conclusión luego de su quebrantamiento y pérdidas puede ser resumida en tres palabras: Dios es soberano.

Empezando en el capítulo 38 del libro de Job —luego de que él, su esposa y tres amigos suyos han filosofado hasta donde pudieron hacerlo sobre la razón por la cual estas horribles cosas le habían sucedido— Dios habla. A medida que los siguientes cuatro capítulos se desenvuelven, Dios le revela a Job lo que ha hecho y lo que continúa haciendo. Su discurso comienza con una revisión de su resplandeciente creación, la expansión del universo celestial y la impactante topografía de la Tierra. Luego Dios analiza su participación en las maravillas del mundo animal y vegetal, incluyendo su maravillosa procreación y su supervivencia y sustento diario, todo en el tiempo presente.

Cuando Dios hubo terminado, Job responde: «Yo sé bien que tú lo puedes todo, que no es posible frustrar ninguno de tus planes ... De oídas había oído hablar de ti, pero ahora te veo con mis propios ojos».[18]

¿Captaste la idea? Job a la larga tuvo una noción clara de la soberanía de Dios cuando pudo darle una legítima mirada al inimaginable brillo del Creador. Únicamente después de esto pudo Job obtener una perspectiva más clara de su propio sufrimiento.

Solo hay dos alternativas: la inhabilidad de Dios para involucrarse (o sencillamente su apatía ante los sucesos actuales) o la soberanía de Dios.

Cuando el infierno se desató para Job, él eligió creer con gratitud que Dios tenía conocimiento de —y participación en— todo lo que sucedió. Obtuvo consuelo al creer que nada ocurre sin el permiso de Dios.

Las tragedias inesperadas, esas que provocan traumas que estremecen hasta los huesos, de manera habitual nos acercan a Dios. Así como hizo Job, elegir creer en la soberanía de Dios, más que en la mera casualidad, nos da mayor consuelo cuando nuestro dolor es más grande.

2. La primera cosa a tener clara

Dios es Dios... él es misericordioso

Hace algunos años la prensa publicó fotografías del personal encargado de la limpieza de un determinado lugar luego de la celebración del Día de la Tierra. Fue necesario emplear camiones de basura luego de que miles de personas se reunieran para manifestar su solidaridad con la tarea de mantener a la Madre Tierra inmaculada. Aunque sus intenciones eran nobles y en honor a la tierra, los asistentes a dicho evento no pudieron evitar ensuciarla con abundante basura. Nuestra inclinación natural es a *no* recoger lo que arrojamos.

Esta propensión a echar a perder las cosas se remonta a mucho tiempo atrás y tenemos un gran número de copartícipes. Por ejemplo, Adán y Eva arruinaron su perfecta relación con Dios al desobedecerle, echándolo todo a perder. Tú y yo hemos seguido el patrón. Nuestra predisposición al egocentrismo, el egoísmo, la codicia y la deslealtad en las relaciones parece inevitable. Y la única manera de superar lo que arruinamos es teniendo una imagen clara de cómo el Dios santo nos ve.

En el Antiguo Testamento, el rey David fue el primero en articular la manera especial en que Dios ve nuestras tragedias y fracasos, comparando al Señor con un padre.

> Tan compasivo es el Señor con los
> que le temen
> como lo es un padre con sus hijos.
> Él conoce nuestra condición;
> sabe que somos de barro.[19]

Y cuando el rey Salomón, hijo del rey David y heredero al trono, preparó un sacrificio y oró para que el Señor enviara un fuego que lo consumiera, toda la gente alabó a Dios diciendo: «El Señor es bueno; su gran amor perdura para siempre».[20]

Dios es Dios. Su presencia es real. Y Dios es el Creador, santo y soberano. Sin embargo, Dios no es un tirano vengador o un inspector severo que permanece a la espera para atraparnos en nuestra humanidad. Como nuestro Padre celestial, su benevolencia hacia ti y hacia mí es legendaria, y su bondad durará por siempre.

Incluso los mejores momentos de calidez, seguridad, afecto y pertenencia incondicional que hayamos experimentado con nuestras familias terrenales son solo un pálido reflejo de la compasión y el misericordioso amor de Dios hacia sus hijos.

La compasión paternal de Dios fue presenciada de primera mano por Jonás, el profeta del Antiguo Testamento. Como si fuera un malcriado hermano mayor que deseaba escuchar a su hermano gritar detrás de las puertas cerradas durante una bien merecida tunda, Jonás presenció el arrepentimiento de una ciudad entera… una a la cual él hubiera preferido ver quemarse hasta las cenizas. Así que se enfadó.

Jonás, sentado en una colina y cual fariseo, refunfuñó: «Tú eres un Dios bondadoso y compasivo, lento para la ira y lleno de amor».[21]

A diferencia de Jonás, el apóstol Pablo habla con humildad del mismo Padre misericordioso que nos salva de su castigo: «Pero Dios, que es rico en misericordia, por su gran amor por nosotros, nos dio vida con Cristo, aun cuando estábamos muertos en pecados. ¡Por gracia ustedes han sido salvados!».[22]

Para aquellos que han intentado distanciar sus mentes racionales del Dios que es, *este* atributo de la misericordia divina es el que en ocasiones cambia sus mentes y dispone sus corazones para recibir el don de la fe.

Al describir el poder del amor de Dios, el apóstol Pablo escribió: «El amor de Cristo nos *constriñe*».[23] El término *constreñir* literalmente significa «obligar». La misericordia de Dios es tan profunda, tan poderosa, tan convincente y propensa a cambiar los corazones que, una vez que la hemos experimentado, resistirnos a su amor puede ser algo tan inútil como el intento de Jonás de salir nadando del gran pez… o como si tú y yo tratáramos de pararnos en la orilla del mar para retener la marea.

2. La primera cosa a tener clara

Por arduamente que alguien trate de discutir con respecto a la presencia de Dios o su actividad en el mundo, es probable que sea su misericordia la que a la larga resuelva el asunto.

Poniendo las cosas en claro

Al inicio de este capítulo leíste que en la mayoría de las encuestas, la mayor parte de la gente cree en Dios. Tú y yo estamos en ese grupo… ¿Así que no tenemos este punto aclarado *ya*? No exactamente.

La verdadera diferencia entre decir que creemos en Dios y tener clara la verdad esencial de que Dios es Dios proviene de saber mucho más sobre aquel en quien creemos. Dios es el Creador… lo cual indica lo que ha hecho. Es santo… lo que revela quién es. Es soberano… lo que implica lo que continúa haciendo. Es misericordioso… lo cual ejemplifica la forma en que nos trata a ti y a mí.

¿Cuántos de aquellos que dicen que creen en Dios encontrarían su «creencia» en él adecuada para sostenerlos cuando el infierno se desate? Antes de que esto suceda, resulta esencial que tengamos una comprensión sólida y veraz de quién es Dios. Dios es Dios.

Lo que tú y yo creamos sobre Dios es la cosa más importante que consideraremos por siempre. Nuestras creencias regirán cada dimensión de nuestras vidas y pensamientos desde ahora hasta el día en que exhalemos nuestro último aliento. Y cuando enfrentemos la tragedia, el hecho de conocerle y confiar en un Dios que realmente es —y en verdad está *aquí*— nos proveerá una certeza y una confianza a pesar del dolor que no pueden describirse.

La verdad de que Dios es el Creador, santo, soberano y misericordioso, constituye el enfoque central que proveerá una perspectiva sólida como la roca, consuelo, y más esperanza de la que puedes imaginar.

3

La segunda cosa a tener clara
La Biblia es la Palabra de Dios

La Biblia es reconocida como una de las grandes obras de la literatura mundial. Desde los concisos relatos de la creación en sus primeros capítulos hasta las agitadas y pintorescas visiones apocalípticas al final, la Biblia narra con detalles la historia humana de los patriarcas de Israel, el viaje de los israelitas hasta Egipto, y su final establecimiento en la tierra prometida. Por medio de la poesía y una apasionante narrativa, la misma revela las complejidades de la condición humana, la historia con frecuencia vaticinada del tan esperado Mesías, el horripilante sufrimiento de su ejecución... y el glorioso gozo de su resurrección. La Biblia deja al descubierto la profundidad de la naturaleza caída de la humanidad y los incesantes esfuerzos de Dios por buscarla con amor y gracia. Ella incluye el resultado final de la historia.

¡Lo que es más sorprendente, la Biblia afirma ser la mismísima *Palabra de Dios*!

Un minuto... me estoy adelantando.

La redacción de un libro exitoso

He pasado la mayor parte de mi carrera en el negocio de la publicación de libros. Admitiré que no le presté mucha atención al mundo editorial hasta que fui invitado a unirme al equipo de la revista *Campus Life* en enero de 1976. Unos años después, Bobbie y yo nos mudamos a Waco, Texas, donde mi trabajo relacionado con las publicaciones cambió de las revistas a los libros.

Poco después de que comenzara en mi empleo en Waco, tuve una noción del objetivo sencillo que los editores tienen: transformar los fardos de libros que están en los almacenes en dinero al lograr que sean grandes éxitos. Y en las décadas que siguieron supe que no hay nada tan emocionante en este negocio como ver un libro que has publicado alcanzar los primeros lugares en las listas que lo catalogan entre los más vendidos.

Uno de los hechos nefastos en el negocio de las publicaciones es que, para el libro promedio, el cuarenta y ocho por ciento de las ventas que tendrán lugar durante toda su vida se llevará a cabo en los primeros noventa días luego de su lanzamiento. En otras palabras, el trabajo crítico del editor (y del autor del libro) es invertir mucho capital e igual cantidad de trabajo en el *lanzamiento* del libro durante esos primeros tres meses. Rara vez un libro que se abre camino con dificultades hacia el mercado logrará una avalancha de ventas en las semanas y meses siguientes. O despunta en el primer momento... o poco a poco se convierte en un fracaso.

Aunque esto pueda sonar un poco obvio, una de las realidades del negocio es que cuando un libro pega y se vende bien, esto sucede porque la gente está hablando de él. En el mundo editorial decimos que el libro está «creando un rumor». Y cada vez —*cada vez*— tal cosa se debe a la publicidad de boca en boca: un amigo diciéndole a otro cuánto le ha gustado el libro y qué impacto ha tenido en él o ella.

Hasta principios de los noventa, el libro mejor vendido había alcanzado los tres y medio millones de copias. Recientemente, la barrera ha sido rota por varios títulos que han vendido mucho más que unos pocos millones de copias. Un título, *The Purpose Driven Life* [Una vida con propósito], de Rick Warren (Zondervan, Grand Rapids, 2002), vendió apenas por debajo de la cifra sin precedentes de treinta millones de copias en un período de casi cinco años. A diferencia de cualquier otro título de no ficción en la historia, el rumor acerca de este libro no tuvo paralelos. La gente estaba hablando y los libros vendiéndose.

Sin embargo, por extraordinarios que sean estos números, ni siquiera se acercan a las ventas anuales de la Biblia. Cada año, uno *tras otro*, más de quinientos millones de copias de la Biblia se venden o distribuyen. Desde su primer «comercial» impreso por Gutenberg en 1455, más de seis billones de copias de la Biblia, o porciones de ella, han sido distribuidos alrededor del mundo.[1]

Sería imposible que un libro —cualquier libro— hubiera vendido tantas copias si no existiera suficiente publicidad de boca en boca y un incontable número de personas siendo impactadas por su mensaje. No es posible que todas estas Biblias hayan sido distribuidas bajo coerción: «Compra este libro y cambiarás tu vida... además, llévate un frasco de aceite para la unción y un tapete de oración absolutamente gratis».

Y olvida el típico ciclo de vida productiva de un libro (el cuarenta y ocho por ciento de las ventas se llevan a cabo en los primeros noventa días). La Biblia tiene su propia categoría. Este es un libro que ha estado disponible para la distribución masiva desde 1455, y sus ventas en realidad han *aumentado* década tras década.

El hecho indiscutible de estos números nos dicen algo de la magnitud de la Biblia.

¿La Biblia?... ¡para qué!

Tú y yo hemos estado considerando algunas cosas que necesitan estar claras antes de que el infierno se desate. Hemos hablado de la necesidad esencial de comprender y creer que Dios es Dios, que su presencia es real... y que está aquí en este preciso instante.

«Está bien», podrías decir, «ahora sé que cuando esté enfrentando un momento en especial difícil, no estoy solo. Eso es bueno. Sin embargo, ¿para qué necesito la Biblia? ¿No es Dios suficiente sin necesidad de nada más? Y esto para no mencionar que la Biblia es grande y voluminosa. ¿No existe un folleto pequeño y conveniente que pueda colocar en mi bolsillo o mi cartera y que sea igual de útil?».

Permíteme responder estas preguntas con una observación. Nuestra creencia en Dios, así como nuestra confianza en su presencia, creación, santidad, soberanía y misericordia, nos llevan a creer y confiar en que la Biblia es su Palabra escrita. De la misma forma en que el *orden* y la *inmensidad* nos han ayudado a creer que un Creador le dio forma a nuestros cuerpos, al universo y a una mosca doméstica, la veracidad y la confiabilidad de toda la Biblia nos conducen a la misma clase de confianza en su autoridad.

Aunque soy solo un hombre de negocios y no un teólogo, he tenido el privilegio de abrir la Biblia semana tras semana como maestro de la Escuela Dominical durante más de tres décadas. Como laico, también he escrito algunos libros que tratan sobre la Biblia y algunos de sus temas.[2]

No obstante, mis esfuerzos y experiencias palidecen comparados con la obra de personas que conozco y en las cuales confío, que han recibido múltiples títulos universitarios y enseñado la verdad de la Biblia a un nivel de seminario o desde el púlpito de una iglesia durante años. Estos profesionales continúan el trabajo de los muchos miles de eruditos y maestros de la Biblia que a lo largo de los siglos han profundizado en ella y encontrado una interminable fuente de riqueza e información, inspiración y verdad.

> *Tratar de sobrevivir a una crisis o al ajetreo diario de la vida sin la Biblia es como estar invitado a un gran festín, pero regresar a casa hambriento.*

Por supuesto, Dios es suficiente. ¿Pero por qué no ir a la misma fuente que Dios ha provisto para nosotros por medio de la Biblia: su Palabra? ¿Y por qué no querríamos llegar a conocer a Dios y la forma en que él trata con su creación de una manera más profunda?

3. La segunda cosa a tener clara

Tratar de sobrevivir a una crisis o al ajetreo diario de la vida sin la Biblia es como estar invitado a un gran festín, pero regresar a casa hambriento.

Una mirada al libro en sí mismo

Como publicista, autor, editor y agente literario, una de las cosas que más me asombra de la Biblia es que el texto, desde Génesis hasta Apocalipsis, fue escrito por más de cuarenta y cinco autores durante un período superior a los mil quinientos años. ¿Puedes imaginar las posibilidades para un desacuerdo o error? Uno de los adagios en la publicación de libros es que un libro con dos autores es usualmente dos veces más difícil de terminar que un libro escrito por uno solo. ¡Imagínate un libro con cuarenta y cinco autores!

Y un simple volumen que no fue completado durante mil quinientos años suena como algo imposible de publicar. ¿No es verdad? Imagina si los padres fundadores de los Estados Unidos hubieran empezado un libro que tuviera todavía mil años más por delante para ser terminado. *No podemos* imaginarlo.

Sin embargo, esta es la historia de la Biblia. Y la misma no solo ha superado en ventas a todos los otros libros publicados a lo largo de la historia, sino que su mensaje es tan profundo que hombres y mujeres han estado dispuestos a dar sus vidas por defenderlo.

No permitas que estas palabras pasen sobre ti demasiado rápido. ¿Por quién, o por qué, estaríamos tú y yo dispuestos a morir? Cuando era niño, la amenaza de los soviéticos nos mantuvo despiertos por la noche con vívidas imaginaciones. En los simulacros que hacíamos en la escuela, practicábamos ejercicios de asaltos aéreos, anticipándonos al potencial ataque nuclear.

No estoy muy seguro de cómo nos hubiera ayudado el ubicarnos bajo nuestros pequeños escritorios para protegernos de cualquier cosa, pero de alguna forma, hechos una pequeña bola en el piso, nos sentíamos mejor preparados para la catástrofe.

En este contexto, solíamos hablar de que nuestra nación podría ser invadida por los comunistas, los cuales irrumpirían en nuestros hogares y nos increparían sobre nuestras creencias, colocándonos en campos de concentración si no renegábamos de nuestra fe.

Recuerdo de un modo muy vívido que me preguntaba si tendría las agallas para soportar un desafío como este, el cual ponía en peligro la vida. Y supe que a lo largo de los años la gente había sido cruelmente asesinada porque no estaba dispuesta a decir que la Biblia era solo una recolección de los pensamientos e ideas de unos cuantos hombres, un libro que no era en especial inspirado por Dios.

La historia de William Tyndale

Conocí por primera vez a William Tyndale cuando abrí las páginas de *El libro de los mártires de Foxe* en la esquina de la sala de mis padres. John Foxe escribió acerca de Tyndale y su época como estudiante de la Universidad de Oxford en el siglo dieciséis: «Sus modales y su conversación … eran tales que todos los que le conocían aseguraban que era un hombre con la más virtuosa disposición y una vida sin mancha».[3] Recuerdo haber estado impresionado por el hecho de que los amigos de Tyndale, aquellos que lo conocían mejor, decían cosas tan nobles sobre él. También estaba lo suficiente intrigado como para leer y releer la *manera* en que lo decían.

Más adelante, como estudiante de Cambridge y voraz lector de la Biblia, Tyndale debatiría a menudo algunos conceptos teológicos con los otros estudiantes. No obstante, Foxe nos cuenta que sus colegas se aburrieron de sus convicciones y se mostraron celosos de sus incesantes citas de las Escrituras: «A la larga se cansaron y dieron cabida a un rencor secreto en sus corazones contra él».[4]

Bajo la constante presión del clero local, Tyndale se trasladó a Londres, donde por más de un año se dedicó a traducir el Nuevo Testamento al inglés, el idioma «vulgar» del ciudadano común. Poniendo de manifiesto su amor por la Biblia y su compromiso de hacer que el evangelio estuviera disponible para todos los

3. La segunda cosa a tener clara

hombres, Tyndale continuó el trabajo prohibido sin preocuparse de su propia seguridad. Los clérigos locales, temerosos de que dicha distribución común de la Biblia los dejara sin trabajo, forzaron a Tyndale a dejar Inglaterra.[5]

Así que William Tyndale se reubicó en Alemania. Y allí continuó la tediosa tarea de traducir la Biblia, incluyendo muchos libros del Antiguo Testamento. Aunque estaba lejos de Inglaterra, el clero inglés continuó acosando a William, examinando y burlándose de su traducción.

Por último, habiendo obtenido la atención del rey para que este le pusiera un punto final a la tarea de Tyndale, sus enemigos le tendieron una trampa, usando una falsa cena con el amigo cercano de Tyndale, Henry Philips, como señuelo. Tyndale fue capturado y hecho prisionero en los calabozos del castillo de Vilvoorden durante más de quinientos días. Fue llevado a juicio y sentenciado por herejía y traición.

A primeras horas de la mañana del 6 de octubre de 1536, el gentil William Tyndale fue conducido hasta el patio de la prisión. El verdugo lo ató a un gran poste de madera. No estando dispuesto a implorar perdón por haber traducido la Biblia al inglés ni a renegar de su fe en Jesucristo, Tyndale exclamó: «Señor, abre los ojos del rey de Inglaterra».

Justo antes de prenderle fuego a la leña reunida alrededor de los pies de Tyndale, el verdugo lo estranguló hasta su muerte. En unos pocos minutos su cuerpo fue consumido por las llamas.

Y todo esto por la inquebrantable creencia en el poder de un libro… la Biblia.

Tyndale no estaba solo en su peligrosa defensa de la Biblia. También otros fueron hechos prisioneros, torturados y asesinados por su defensa directa de la Palabra de Dios. Patrick Hamilton fue quemado mientras se hallaba arrodillado en la estaca; Henry Forest fue asfixiado en un calabozo en lugar de ser quemado en un lugar público, porque «el humo de Patrick Hamilton había infectado a todos los que alcanzó».[6]

A aquellos que han sufrido y muerto en defensa de la Biblia se suman nombres como los de David Stratton, Norman Gourlay, Thomas Forret y George Wishart, hombres que no permitirían que ni el fuego ni la espada los persuadiera a repudiar lo que sabían que era cierto sobre la Palabra.

Dándonos cuenta

Hace unas noches, Bobbie y yo estábamos paseando a nuestro perro. Habíamos acabado de recibir la noticia de que uno de mis compañeros de la universidad y buen amigo, Christian Stauffer, había muerto de manera repentina en un campo de fútbol en Nairobi, Kenia. Chris y su esposa, Hettie Hardin Stauffer, eran maestros de escuela en el campo misionero. Nos quedamos atónitos con la noticia, ya que antes de que se fueran, Chris y Hettie habían pasado una noche en nuestra casa durante el verano anterior.

Mientras caminábamos, Bobbie me preguntó si tenía miedo de morir.

«No», dije. Luego me detuve a pensar en nuestros cinco nietos y en cuán dichoso sería si pudiera verlos crecer y convertirse en hombres y mujeres, entonces añadí: «Pero me encanta vivir. No estoy ansioso por morir».

Es difícil concebir que la misma pasión por la vida no estuviera presente en estos héroes que murieron por su amor a la Biblia. Estaba claro que ellos no tenían miedo de morir. Sin embargo, a pesar de que tenemos poca información con relación a sus familias, podemos asumir que tales creyentes no estaban ansiosos por morir. Estos mártires deben haber tenido cónyuges e hijos o tal vez nietos a los que amaban mucho, pequeños a los que anhelaban con desesperación ver crecer.

Y estos seguidores de Cristo estuvieron dispuestos a abandonar estos sueños.

Mientras escribo sobre aquellos que eligieron morir por la Biblia y el Evangelio de Jesucristo que esta contiene, me siento abrumado por tales sacrificios. En realidad, ellos tomaron una decisión para que sus hijos y nietos, y todos los que nacieran después, incluyéndonos a ti y a mí, tuviéramos acceso a este invaluable libro en un idioma que pudiéramos entender. Soportaron todo y se aferraron a sus creencias cuando el infierno se desataba para ellos, para que cuando el caos y la tragedia visiten mi casa, yo cuente con la Palabra de Dios para darme consuelo, para proveerme la perspectiva de Dios y un recordatorio diario de su gracia.

> *Soportaron todo y se aferraron a sus creencias cuando el infierno se desataba para ellos.*

Bobbie y yo hablamos de la valentía de estos mártires de la fe: «Piensa en el precio que todas sus familias pagaron», dijo ella.

La Biblia, ese libro que tú y yo tenemos colocado como un silencioso soldado en cada uno de nuestros libreros, ha llegado hasta nuestros hogares gracias a la sangre de esposos, padres, abuelos, madres, esposas, abuelas y niños... convertidos en mártires por amor al libro.

Otro asunto de fe

No obstante, ¿cómo sabemos que la Biblia es la Palabra de Dios? Por asombroso que resulte leer las historias de aquellos que dieron su vida por la Biblia, ¿cómo sabemos que estas personas y muchas otras no estaban solo alucinando, atrapadas en el frenesí de un fervor religioso? ¿Y cómo sabemos que la Biblia no fue escrita y compilada originalmente como una conspiración para influenciar el pensamiento de estos mártires... y de las masas vulnerables que los escuchaban?

Tal como lo discutimos en el último capítulo, la prueba histórica, a diferencia de la prueba científica, no puede ser establecida de un modo inequívoco. Y esto es en especial problemático, dado que en las páginas venideras usaré la propia Biblia, así como también alguna información histórica verificable, para confirmar la veracidad de la misma.

Retomando algunos de los principios de mis clases universitarias de lógica, si un manuscrito está lleno de mentiras, ¿por qué cualquier persona racional usaría un material de ese *mismo manuscrito* para determinar si en realidad está o no plagado de mentiras? Esa es una pregunta justa.

Tal cosa nos lleva de vuelta a la discusión del último capítulo sobre la soberanía de Dios y la referencia directa a la fe.

Nadie tiene la habilidad de sacar a un escéptico de su escepticismo en lo que se refiere a la verdad de la Biblia. Sin embargo, a través de los ojos de la fe, la Biblia es un libro que toma vida. Por el poder del Espíritu, las palabras que aparecen en las páginas se vuelven mucho más que meras palabras. Ellas son la voz de Dios, como un grito o un susurro, según lo que sea necesario en el momento. Estas palabras son transformadoras.

Una nueva forma de ver

Años atrás, en casi todos los centros comerciales de los Estados Unidos había quioscos que vendían «estereogramas». Estas imágenes generadas por computadora eran «mágicas» porque cuando las mirabas fijamente, poco a poco revelaban figuras tridimensionales ocultas dentro de ellas, las cuales no habías captado a primera vista.

Una tarde, mientras vivíamos en Nashville, me encontraba almorzando con un compositor. Cuando era niño, él había recibido de manos de su abuela una Biblia King James de cuero negro. Recordaba tomar el libro en sus manos y hojearlo una y otra vez percibiendo su olor fresco.

No obstante, pronto se desgastó y la Biblia fue arrinconada en la parte trasera de la gaveta de una cómoda, luego fue colocada en la repisa de su clóset, y por último empacada en una caja de cartón. El compositor me contó cómo había luchado para tener una carrera musical, la cual se había visto complicada por las adicciones y los abusos de toda clase. Una mañana gris y deprimente, se despertó en un colchón sin sábanas en medio de una habitación extraña. No había nadie más en esa habitación ni en

3. LA SEGUNDA COSA A TENER CLARA

toda la casa. Él no tenía ni idea de dónde estaba, si encontraría a alguien más, o por qué se encontraba allí. «Estaba por completo estupefacto», recordó con un dolor evidente en sus ojos.

«Poco tiempo después de esa experiencia, algo —o tal vez Alguien— me refrescó la memoria y me hizo buscar esa vieja Biblia», continuó. «Pero fue muchos meses antes de que obedeciera».

Durante el proceso de mudanza hacia Nashville, el compositor encontró la caja de cartón en el ático de sus padres. Sentado en el polvoriento piso de madera y bajo una tenue luz, abrió la tapa. Ahí leyó su propio nombre y la dedicatoria que su abuela había escrito. Sintió que un escalofrío le recorría todo el cuerpo. La calidez y la gentileza de su abuela parecían mantenerse en el libro, al mismo tiempo que recordaba la emoción que sintió al recibir el regalo que ella le hizo muchos años atrás.

Comenzó a hojear sus páginas. Mientras lo hacía, oraba: «Querido Dios, si hay algo para mí aquí, por favor muéstramelo».

«Fue exactamente como con esos estereogramas que hay en los centros comerciales», me dijo. «Me pareció que algunas de las palabras saltaban de las páginas, percibiendo cosas que nunca antes había visto».

Motivado a aprender más, mi amigo compositor pronto se decidió a asistir a una Escuela Dominical. Llevando esa misma Biblia King James de cuero negro, entró a nuestra clase y escuchó la lectura de un versículo del apóstol Pablo en su carta a los Efesios: «Pero Dios, que es rico en misericordia, por su gran amor con que nos amó, aun estando nosotros muertos en pecados, nos dio vida juntamente con Cristo (por gracia sois salvos)» (Efesios 2:4-5, RVR-60). Tal versículo bíblico tenía perfecto sentido para él. Estaba leyendo la Biblia usando sus propios ojos de fe.

Esta es mi esperanza en cuanto a alguien, tal vez tú, que pueda sentirse inseguro acerca de la verdad de la Biblia. Con certeza, la Biblia ha sido estudiada durante siglos como una gran pieza literaria. Sin embargo, la verdadera prueba es la forma en que Dios les habla a los individuos a través de sus páginas inspiradoras.

La historia de la Biblia

Aunque algunos de los autores de la Biblia son desconocidos, los eruditos han identificado a la mayoría de ellos: cerca de cuarenta y cinco en total. Comenzando alrededor de 1400 a.C., estos autores iniciaron la escritura de las palabras que ahora nosotros encontramos en nuestras Biblias. Su trabajo fue completado casi cien años después del nacimiento de Cristo.

A diferencia de cualquier otro escrito anterior o a partir de entonces, estos textos fueron, de acuerdo a sus autores, escritos bajo la dirección especial de Dios.

Debido a que las imprentas no serían inventadas sino hasta cientos de años más tarde, varias copias de estos manuscritos estaban únicamente disponibles cuando los escribas los duplicaban a mano, reescribiendo de forma tediosa cada palabra y signo de puntuación. Un segundo escriba «avalador», leía lo que había sido escrito con el fin de verificar su exactitud.[7] Esta clase de reproducción meticulosa fue empleada en todos los escritos antiguos que fueron preservados y transmitidos, no solo en los manuscritos bíblicos. No obstante, debido a que los escribas eran humanos, experimentaron tiempos buenos y malos. Su trabajo no era perfecto.[8] Como puedes imaginar, esto se volvió en especial problemático cuando se hicieron copias de las copias *de las copias*, en lugar de partir de los manuscritos originales.

Así que cuando nos referimos a la confiabilidad de cualquier obra antigua, es natural que una de las medidas de precisión sea cuán antiguas son esas copias. ¿Cuán cercanas están a los documentos originales?

En su obra *The New Testament Document* [¿Son fidedignos los documentos del Nuevo Testamento?], refiriéndose a otros escritos antiguos, el Dr. F. F. Bruce nos dice que las copias más tempranas de *La guerra de las Galias* de César fueron encontradas novecientos años después de que se escribieron.[9] James MacDonald hace notar en *God Wrote a Book* [Dios escribió un libro] que las copias más tempranas que tenemos de *La Ilíada* de Homero datan de cuatrocientos años después de su escritura original.[10]

3. La segunda cosa a tener clara

Sin embargo, las copias más tempranas existentes de los manuscritos bíblicos, los cuales repito, fueron completados alrededor del 100 d.C., datan de alrededor del 200 d.C., justo un siglo después de que fueran terminadas. Incluso tenemos algunos fragmentos más tempranos que datan del 114 d.C., a solo unas décadas de la fecha del manuscrito original.[11]

¿Y cuántas de esas copias tenemos? De *La guerra de las Galias* de César hay solo *diez* copias; de *La Ilíada* de Homero alrededor de seiscientas cincuenta copias. No obstante, de la Biblia hay literalmente miles: casi cinco mil copias del Antiguo Testamento y diez mil copias del Nuevo Testamento.

¿Y cómo estos manuscritos, redactados en un período superior a quince siglos, logran ubicarse en un solo volumen al cual nosotros le llamamos Biblia?

Una de las tareas de la iglesia del tercer y cuarto siglo fue estudiar muchos escritos antiguos, escogiendo cuáles debían ser juntados en un único volumen llamado la Biblia.[12] A medida que examinaban los posibles artículos, consideraron quién era el autor humano y bajo la autoridad de quién el escritor afirmaba estar escribiendo. También se tuvieron en cuenta la reputación del autor y su credibilidad, el contenido del texto y su continuidad con los otros manuscritos.

Con todo, el requisito más importante para que un manuscrito específico se incluyera en la Biblia era el efecto que la lectura de dicho texto tuviera en las vidas de los lectores. ¿Estaban ellos más que simplemente impresionados por la obra? ¿Se sentían impactados, incluso cambiados, por el poder de las palabras?

La colección final y aprobada de los sesenta y seis manuscritos o libros es a menudo conocida como el *Canon*, lo cual sencillamente significa «vara de medir», es decir, el criterio especial usado para incluir ciertas obras en la Biblia.

Lo que podría ser más asombroso sobre la Biblia, esta colección de antiguos manuscritos, es cómo ha sobrevivido a los múltiples intentos de destruirla.

Desde la época del francés Voltaire en el siglo dieciocho hasta la de los pensadores y escritores contemporáneos, se han hecho vigorosos intentos no solo para destruir las copias físicas de la Biblia, sino para convertirla en una burla.

Y el desdén continúa.

> *Sin embargo, para consternación de muchos cínicos, la Biblia sobrevive.*

Un estudiante de cualquier universidad secular, en este preciso instante, enfrentará algún tipo de oposición si elige escribir un ensayo sobre la verdad, la confiabilidad *y* el poder transformador de vidas de la Biblia.

Sin embargo, para consternación de muchos cínicos, la Biblia sobrevive.

Con todo... a pesar de su continua y masiva distribución, la Biblia *todavía* podría ser una conspiración exitosa sorprendente de los más astutos vendedores y manipuladores de la historia.

O podría ser la mismísima Palabra de Dios.

Mirando hacia adelante con asombrosa precisión

Fijémonos en una más de las cosas extraordinarias en cuanto a la Biblia.

Tal vez has notado que a principios de enero los estantes ubicados junto a las cajas registradoras de tu tienda favorita están llenos de revistas cuyos titulares anuncian: «Predicciones para el Nuevo Año». Algunos incluso les llaman «profecías» a estos pronósticos. Y de vez en cuando, una o dos de estas suposiciones pueden llegar a cumplirse.

En el Antiguo Testamento hay más de treinta y nueve profecías específicas referentes al Mesías esperado. He aquí algunas de ellas:

> *El Mesías sería adorado por los pastores:*
> «Que se postren ante él las tribus del desierto».[13]

La realeza lo visitaría y le obsequiarían regalos, incluyendo oro:
«Que le paguen tributo los reyes de Tarsis y de las costas remotas; que los reyes de Sabá y de Seba le traigan presentes ... ¡Que se le entregue el oro de Sabá!».[14]

El Mesías vendría como un niño recién nacido:
«Porque nos ha nacido un niño, se nos ha concedido un hijo».[15]

La madre del Mesías sería una virgen:
«Por tanto, el Señor mismo os dará señal: He aquí que la virgen concebirá, y dará a luz un hijo, y llamará su nombre Emanuel».[16]

El Mesías nacería en Belén:
«Pero de ti, Belén Efrata, pequeña entre los clanes de Judá, saldrá el que gobernará a Israel; sus orígenes se remontan hasta la antigüedad, hasta tiempos inmemoriales».[17]

De manera sombrosa, cada una de esas predicciones se hizo realidad.

¡Y QUÉ LIBRO ES!

Se cuenta la historia de un explorador estadounidense que visita una lejana comarca en una isla del Pacífico. Asombrosamente, encuentra en la villa a un hombre que habla inglés. Y aun más extraordinario es el hecho de que este hombre lleva una Biblia.

«Ah, en los Estados Unidos ese libro ya ha pasado de moda», dice el explorador señalando la Biblia.

«Pues debe sentirse afortunado de que nuestra tribu *no haya* desechado el libro», respondió el nativo. Luego añadió: «De lo contrario, usted habría sido nuestra cena esta noche».

¿Cómo *sería* una civilización sin la influencia de la Biblia? ¿Cómo resultarían las cosas si tuviéramos una jeringa y pudiéramos extraer la contribución que la Biblia ha hecho a la cultura, las artes, la educación, la medicina, los negocios y muchas otras disciplinas? Aparte de relatar la historia de Dios y su actividad a través de su pueblo; la Biblia, este antiguo libro, nos ha provisto de un tesoro oculto contemporáneo. He aquí algunos ejemplos:

La Biblia define el matrimonio y la intimidad: «Por eso el hombre deja a su padre y a su madre, y se une a su mujer, y los dos se funden en un solo ser. En ese tiempo el hombre y la mujer estaban desnudos, pero ninguno de los dos sentía vergüenza».[18]

¿Por qué el matrimonio debe estar restringido a un hombre y una mujer? ¿Por qué no debe estar integrado por *dos* hombres o *dos* mujeres? ¿O por un hombre y una docena de mujeres? ¿Qué hay de la relación sexual de un hombre con su esposa? ¿Y qué sucede con la sinceridad de su comunicación? ¿Cuán transparentes deberían ser el uno con el otro?

La Biblia es un manual para las relaciones. Leerla es como tener tu propia sesión de consejería personal cada día.

La Biblia prescribe las relaciones familiares correctas: «Sométanse unos a otros, por reverencia a Cristo. Esposas, sométanse a sus propios esposos como al Señor ... Esposos, amen a sus esposas, así como Cristo amó a la iglesia y se entregó por ella ... Hijos, obedezcan en el Señor a sus padres, porque esto es justo. «Honra a tu padre y a tu madre ... ». Y ustedes, padres, no hagan enojar a sus hijos, sino críenlos según la disciplina e instrucción del Señor».[19]

Como cuando dos hombres amables se esfuerzan por pagar la cuenta del almuerzo y dicen: «¡Yo la pago!». «¡No, yo la pago!» «No seas ridículo, es mi turno», así es como deben funcionar las cosas en casa. *Esposos, amen y sirvan; esposas, honren y respeten; esposos, amen y sirvan más; esposas, honren y respeten más; esposos, amen y sirvan aun más que antes; esposas, honren y respeten incluso más; y así sucesivamente.*

Chicos, en sus hogares, escuchen y obedezcan a sus padres.

Y padres, deben hacerles exigencias razonables a sus hijos. No deben insistirles de un modo incesante. Padres, deben ha-

3. La segunda cosa a tener clara

blarles a sus hijos acerca de Dios y el amor que sienten por él.

¿Dónde se encuentran estas instrucciones prácticas? Aparecen en la Biblia.

La Biblia determina las reglas para el trabajo y la gerencia: «Siervos [empleados], obedeced en todo a vuestros amos terrenales [superiores], no sirviendo al ojo, como los que quieren agradar a los hombres, sino con corazón sincero, temiendo a Dios. Y todo lo que hagáis, hacedlo de corazón, como para el Señor y no para los hombres ... Amos, haced lo que es justo y recto con vuestros siervos, sabiendo que también vosotros tenéis un Amo en los cielos».[20]

Los empleados deben hacer lo que se les pide, incluyendo trabajar arduamente. Además, su trabajo debería ser hecho con excelencia. ¿Y por qué los jefes no deben tener el derecho de señorear sobre sus empleados, tratándolos como esclavos comunes? ¿Por qué los empleadores deben valorar a sus trabajadores?

Porque la Biblia ofrece una clara dirección en cuanto a todas estas relaciones.

La Biblia denuncia la discriminación: «Hacen muy bien si de veras cumplen la ley suprema de la Escritura: "Ama a tu prójimo como a ti mismo"; pero si muestran algún favoritismo, pecan y son culpables, pues la misma ley los acusa de ser transgresores».[21]

¿Por qué no puedo discriminar a las mujeres o los niños, o a aquellos cuya etnia es diferente a la mía? Porque si lo hago, estoy pecando contra Dios.

¿Y cómo sé de qué manera valorar a la gente?

Eso también se indica en la Biblia.

El humanitarismo no es negociable: «Y le contestarán los justos: "Señor, ¿cuándo te vimos hambriento y te alimentamos, o sediento y te dimos de beber? ¿Cuándo te vimos como forastero y te dimos alojamiento, o necesitado de ropa y te vestimos? ¿Cuándo te vimos enfermo o en la cárcel y te visitamos?". El Rey les responderá: "Les aseguro que todo lo que hicieron por uno de mis hermanos, aun por el más pequeño, lo hicieron por mí"».[22]

«Escuchen, estoy ocupado», podría decir. «Sé que hay personas a mi alrededor que están necesitadas, solas, temerosas y sufriendo, pero yo tengo mis *propios* problemas. No estoy dotado de manera natural para extenderme a los demás».

Entonces, ¿por qué cada ser humano *no* vive solo para sí mismo? ¿Por qué no se trata, según las palabras de Charles Darwin, de «la supervivencia del más fuerte»? ¿Qué me obliga a extenderme, a salir de mi zona de comodidad para servir? La Palabra de Dios es la causa. Tales cosas se deben a que la Biblia nos dice que nuestro servicio a los necesitados debería estar tan alto en nuestra lista de prioridades como el servicio a Dios mismo —pues él está presente en medio de sus luchas— y que debemos preocuparnos por ellos.

La Biblia trata de las finanzas personales y la administración: «Sé lo que es vivir en la pobreza, y lo que es vivir en la abundancia. He aprendido a vivir en todas y cada una de las circunstancias, tanto a quedar saciado como a pasar hambre, a tener de sobra como a sufrir escasez».[23]

Cuando me siento tentado a comprar alguna cosa, en ocasiones me veo confrontado por un pensamiento: *¿Es esto algo que necesito o algo que simplemente* quiero? En el versículo anterior, el apóstol Pablo me desafía con su propio ejemplo a buscar el contentamiento antes que cualquier otra cosa.

Presta atención a estas perlas de sabiduría:

> El que es honrado en lo poco, también lo será en lo mucho; y el que no es íntegro en lo poco, tampoco lo será en lo mucho. Por eso, si ustedes no han sido honrados en el uso de las riquezas mundanas, ¿quién les confiará las verdaderas? Y si con lo ajeno no han sido honrados, ¿quién les dará a ustedes lo que les pertenece? Ningún sirviente puede servir a dos patrones. Menospreciará a uno y amará al otro, o querrá mucho a uno y despreciará al otro. Ustedes no pueden servir a la vez a Dios y a las riquezas.[24]

3. LA SEGUNDA COSA A TENER CLARA

El dinero puede ser un gobernante cruel y muy poderoso. Una vez más, la Biblia ataca con severidad este tema cuando Pablo escribe: «Porque el amor al dinero es la raíz de toda clase de males. Por codiciarlo, algunos se han desviado de la fe y se han causado muchísimos sinsabores».[25]

Incluso el magnate circense P. T. Barnum comprendió esta verdad bíblica cuando dijo: «[El dinero] es un excelente siervo, pero un terrible amo».[26]

Imagina un texto antiguo que incluso nos dice cómo debemos pensar con relación a nuestro dinero.

Además de las cosas que están indicadas de forma específica en las Escrituras, la Biblia ha provisto también la inspiración que ha dado lugar a increíbles proyectos e instituciones de las que dependemos cada día.

Comunicación escrita: Alrededor de 1450, el impresor alemán Johannes Gutenberg se sintió motivado a crear una imprenta con tipos movibles e intercambiables para que así la Biblia pudiera ser distribuida más ampliamente. En la actualidad, en muchas partes remotas del mundo, los misioneros cristianos están poniendo por escrito aquellos lenguajes que en alguna ocasión fueron comunicados solo de manera oral, traduciendo la Biblia en palabras que puedan ser comprendidas. Esto les ha dado a millones de las personas más abandonadas del mundo una oportunidad de aprender.

Educación: Al principio, en los Estado Unidos muchas escuelas públicas estaban organizadas para enseñarles a los niños cómo leer y comprender la Biblia. El Dr. Benjamin Rush (1745-1813), uno de los firmantes de la Declaración de Independencia, escribió: «Mis argumentos a favor del uso de la Biblia como un libro escolar están fundados … en la constitución de la mente humana … La memoria … abre la mente de los niños … Imprime en ella las grandes verdades del cristianismo, antes de que la misma se preocupe por temas menos interesantes».[27]

Tan absoluto era el compromiso de los Estados Unidos con la Biblia como fundamento de la educación que, hasta que se fundó la Universidad de Pensilvania en 1951, todos los institutos de educación superior debían educar a sus estudiantes en la verdad de la Palabra de Dios y confirmar la importancia de los principios cristianos.[28]

Música, arte y literatura: Visitar las grandes salas de conciertos o las galerías de arte del mundo provee un testimonio audible del poder de la Biblia. El compositor alemán Johann Sebastián Bach les ponía a todas sus obras las iniciales «SDG», *Soli Deo Gloria*, «Solo a Dios sea la gloria» o «JJ», *Jesu juba*, «Ayúdame Jesús». George Frederic Handel, Franz Joseph Haydn, Ludwig van Beethoven, Felix Mendelssohn, Frédéric Chopin, Franz Liszt y Johannes Brahms se encuentran entre aquellos cuyas obras estaban enraizadas en la Biblia y por medio de ellas honraban a Dios.

Artistas como Rembrandt y Miguel Ángel se valieron de temas bíblicos, representando de un modo apasionado lo que habían leído en la Biblia.

Y grandes escritores, desde Dante hasta Chaucer, Dickens, Tolstoi, Dostoyevsky, T. S. Eliot, C. S. Lewis y J. R. R. Tolkien, fueron inspirados por la Biblia.

El poder de la Palabra de Dios motivó a estos grandes artistas, músicos y escritores, no solo a recolectar el material para su próxima composición, sino a escuchar la voz de Dios. Cuando tú y yo apreciamos su obra, nuestras mentes son tocadas por el mismo Espíritu viviente que les infundió belleza a sus creaciones maestras y nuestros corazones se sienten elevados y maravillados de un modo espontáneo.

Medicinas y hospitales: Aunque los hospitales existían en la antigüedad en Egipto, la India y el Lejano Oriente, no hay dudas de que el surgimiento del cristianismo en el primer y segundo siglos dio inicio a una conexión profunda entre la fe cristiana y el cuidado de la salud. En la actualidad, los médicos misioneros pueden contarse por miles. Cuando el desastre golpea en cualquier parte del mundo, muchos de los primeros en acudir a las regiones más duramente golpeadas son las organizaciones misioneras cristianas.

Una visita a casi cualquier ciudad en el mundo occidental pone de manifiesto esta verdad. Vemos estructuras elevadas que han sido construidas para cuidar a los enfermos con nombres como: Presbiteriano San Lucas, Hospital Bautista, Santo Tomás y Hospital General Luterano.

> *Por siglos, el mensaje compasivo de la Biblia ha inspirado a hombres y mujeres a dar sus vidas para traer sanidad a aquellos que padecen necesidad.*

Por siglos, el mensaje compasivo de la Biblia ha inspirado a hombres y mujeres a dar sus vidas para traer sanidad a aquellos que padecen necesidad.

Un manual para la crisis en tu vida y la mía

Durante la temporada de huracanes, debes haber visto a los reporteros ataviados con impermeables bajo la pesada lluvia, siendo sacudidos por los vientos huracanados y transmitiendo el aviso de una inminente tormenta. A pesar de que están poco dispuestos a prestarle atención a sus propias advertencias, dicen cosas como: «*No* salgan en esta tormenta. Quédense en sus casas».

Además, le recomiendan a la gente que vive en las «zonas bajas» que suba a tierras más altas. Dave Barry, mi comediante favorito y también residente de la Florida, explica cuán fácil es determinar si este consejo va dirigido a ti: «Toma tu billetera y saca tu licencia de conducir. Si dice "Estado de Florida", vives en una zona baja».

Debido a que Bobbie y yo *sí* vivimos en la Florida y hemos experimentado lo devastador de un huracán, tomamos muy en serio estas instrucciones. Como un servicio para los residentes, el estado nos provee abundante información de emergencia, la cual puede ser obtenida a través de la televisión local o la Internet. Cuando la velocidad del viento alcanza las tres cifras, necesitamos ayuda, y lo sabemos.

La Biblia provee la misma clase de asistencia en los momentos de crisis. Cuando el infierno se desata, sus páginas contienen la información que necesitamos para sobrevivir.

Como sucesor de Moisés, Josué sabía algo de lo que significaba estar en peligro. Su tarea era tomar la tierra que Dios les había prometido. Todos los que se hallaban en su camino eran ejércitos que superaban a los israelitas en poder y número, para no mencionar las ciudades fortificadas que presentaban una enérgica defensa ante cualquier ataque enemigo, en especial el de un grupo de judíos mal equipados.

Sin embargo, Josué sabía exactamente qué decirle a su gente: «Recita siempre el libro de la ley y medita en él de día y de noche; cumple con cuidado todo lo que en él está escrito. Así prosperarás y tendrás éxito. Ya te lo he ordenado: ¡Sé fuerte y valiente! ¡No tengas miedo ni te desanimes! Porque el Señor tu Dios te acompañará dondequiera que vayas».[29]

Desde hace mucho tiempo, el antídoto para el miedo frente al peligro y la fuente de coraje fueron encontrados en un libro, y continúa siendo así.

Más importante que aprovisionarse de baterías y agua fresca para beber

En la carta a su protegido, Timoteo, el apóstol Pablo enfatizó de un modo especial la utilidad de la Biblia a fin de prepararnos para las emergencias. «Toda la Escritura es inspirada por Dios y útil para enseñar, para reprender, para corregir y para instruir en la justicia, a fin de que el siervo de Dios esté enteramente capacitado para toda buena obra».[30] Pablo le estaba diciendo a Timoteo: «He aquí lo que la Biblia hará por ti cuando lo necesites. Puede que incluso no pienses en la lectura de las Escrituras como una preparación para cuando el infierno se desate, pero cuando la crisis *te golpee*, descubrirás que prepararte es exactamente lo que has estado haciendo. Para esto es buena la Biblia y sus beneficios especiales». Y algunos de ellos son:

3. La segunda cosa a tener clara

Enseñar: ¿Has visto a alguien tomar juramento en una corte? La persona coloca su mano izquierda sobre la Biblia y levanta su mano derecha. Entonces el oficial del juzgado pregunta: «¿Jura decir la verdad, toda la verdad y nada más que la verdad, y que Dios le ayude?».

Pablo le dijo a Timoteo que la Biblia era útil para enseñar. Con el fin de generar un recordatorio visual de esto, imagina al testigo en la corte con una mano sobre la Biblia y la otra levantada. La Biblia *es* buena para enseñar «la verdad, toda la verdad y nada más que la verdad, y que Dios te ayude».

Tanto para entender cómo los mundos fueron formados, explicar el fracaso del hombre sin Dios, o conocer la increíble historia de redención y gracia, la Biblia es incuestionable, la única y fidedigna voz de absoluta sabiduría: «Jesús se dirigió entonces a los judíos que habían creído en él, y les dijo:

—Si se mantienen fieles a mis enseñanzas, serán realmente mis discípulos; y conocerán la verdad, y la verdad los hará libres».[31]

La Biblia no tiene rival cuando se trata de la enseñanza de la verdad.

Reprender: Cuando tú y yo estamos en problemas o nos alejamos de Dios por culpa de nuestro propio fracaso o rebeldía, necesitamos ser reprendidos. Esa es la forma que Dios emplea para obtener nuestra atención, como cuando eras niño y tu mamá te llamaba desde el otro lado de la casa usando *tu nombre completo*.

Ella se estaba asegurando de que no ignoraras la urgencia de su voz.

Cualquier cosa que sea necesaria para captar tu atención, Dios la hará. En realidad, en ocasiones el *beneficio* de que el infierno se desate es que justo en esos momentos oímos la voz de Dios de una manera más vívida.

En *The Problem of Pain* [El problema del dolor], C. S. Lewis reflexiona: «Dios nos susurra en nuestro gozo... pero nos grita en nuestro dolor».[32] Y el

> *En ocasiones el beneficio de que el infierno se desate es que justo en esos momentos oímos la voz de Dios de una manera más vívida.*

rey David dice: «El Señor está cerca de los quebrantados de corazón, y salva a los de espíritu abatido».³³

La Biblia tiene una manera propia de amonestarnos y darnos una respuesta llena de esperanza que nos brinda la seguridad para cambiar.

Corregir: Obtener nuestra atención es importante, pero eso es solo la antesala para la noticia que sigue. Una vez que tu mamá ha obtenido tu atención, es probable que ella aclare lo que has hecho para merecer esta alarmante interrupción.

Un veredicto verdadero es necesario para que tenga lugar la corrección y el cambio.

Cuando visitas a tu doctor, ¿quieres escuchar la verdad sobre tu condición médica? «Dígamelo claro, doctor», dirías tú. Una falsa o incluso diplomática declaración en cuanto al diagnóstico no va a ser de ninguna ayuda en ese momento. No es lo que tú deseas.

En los capítulos venideros, veremos lo que la Biblia dice acerca de nuestra condición. Algunas de las palabras podrían ser dolorosas, pero un diagnóstico falso no va a lograr nada. La Biblia dice: «¡Cuán dichoso es el hombre a quien Dios corrige! No menosprecies la disciplina del Todopoderoso. Porque él hiere, pero venda la herida; golpea, pero trae alivio».³⁴

La Palabra de Dios nos corrige.

Instruir en justicia: La Biblia es verdad y nos ayuda a comprender los caminos de Dios. Captura nuestra atención y nos dice dónde hemos fallado. Es entonces cuando la Biblia establece un plan.

Durante algunos años tuve un jefe que tenía una pequeña placa de madera en su escritorio. La misma decía: «No me traigas problemas, tráeme soluciones».

Un subtítulo apropiado debajo de las palabras *Santa Biblia* podría decir: «Adelante, tráeme tus problemas; este libro está lleno de soluciones».

El rey David se presentó con valentía ante el Señor y nos dio las palabras con las que debemos orar cuando necesitamos ayuda: «Por la mañana hazme saber de tu gran amor, porque en ti he

3. La segunda cosa a tener clara

puesto mi confianza. Señálame el camino que debo seguir, porque a ti elevo mi alma».[35]

«El Señor dice: "Yo te instruiré, yo te mostraré el camino que debes seguir; yo te daré consejos y velaré por ti».[36]

La Biblia traza un plan a seguir.

Poniendo las cosas en claro

En 1995, un amigo cercano me llamó para contarme que el guionista de Hollywood, Jeffrey Katzenberg, uno de las tres personas más importantes en DreamWorks Animation SKG,[37] estaba buscando un «consultor cristiano». Katzenberg y sus colegas habían decidido plasmar la historia de Moisés en una película animada: *El príncipe de Egipto*.

Los investigadores de Katzenberg le habían aconsejado que consiguiera un consejero de cada una de las tres religiones que aceptaban la historia de Moisés: el judaísmo, el islamismo y el cristianismo.

Después de algunas llamadas telefónicas y reuniones, fui invitado junto con mi amigo y compañero en la fe Larry Ross, propietario de una firma de relaciones públicas en Dallas, a ser el consultor desde la perspectiva cristiana.

Por alrededor de dos años nos reunimos de manera regular con Jeffrey Katzenberg y sus colegas, invitando a pastores y líderes cristianos a reunirse en los estudios de DreamWorks para evaluar y discutir el guión de la película.

Durante uno de los encuentros, Jeffrey habló con nosotros sobre cómo surgió la idea de esta película. Nos contó de una reunión en la que Steven Spielberg, David Geffen y él estaban discutiendo las posibilidades para su nueva producción animada. Debido a que Jeffrey era el antiguo ejecutivo de Disney que había identificado la historia que más tarde se convertiría en *La sirenita* como candidata para una gran película animada, Steven y David confiaban en su instinto.

«Tú eres el gran seleccionador de guiones», afirmaron. «¿Qué opinas?».

«Bueno, ¿qué piensan de Moisés?», respondió Jeffrey.

Al principio, se sintieron sorprendidos por el hecho de que Katzenberg seleccionara una historia de la Biblia. Sin embargo, pronto estuvieron de acuerdo con la opción que él les había presentado. «No está mal», dijeron. «La historia ha sido conocida desde hace mucho tiempo. Hagámoslo».

Mientras Jeffrey nos contaba esta historia en nuestra pequeña reunión con los líderes cristianos, se veía pensativo, algo inusual para un hombre que lleva las palabras intensidad y dinamismo a un nivel nuevo por completo.

«Después de reunirme con Spielberg y Geffen, encontré una Biblia y me la llevé a casa», admitió Jeffrey. «Busqué el libro de Éxodo y comencé a leer la historia de Moisés. Cuando hube terminado, la volví a leer. Luego la volví a leer. Y más tarde una vez más».

Él miró alrededor de la pequeña habitación mientras nosotros lo observábamos con toda atención. Cuando se dio cuenta de que esperábamos que concluyera la historia que estaba contándonos, bromeó: «Bueno, no se dejen llevar por la emoción, no experimenté un nuevo nacimiento o algo como eso».

Nos reímos, pero deseábamos que él continuara y nos dijera exactamente lo que había sucedido cuando leía la historia del libro de Éxodo.

«Mientras estaba leyendo la Biblia», continuó, «algo me sucedió. Algo que no puedo explicar con claridad. Sabía que debía volver a contar esta historia, así que llamé a mis socios y les dije que íbamos a narrar la historia de Moisés en nuestra primera película animada».

Fue así como empezó el proceso del primer largometraje animado de DreamWorks. Durante tres años, seiscientos animadores dibujaron alrededor de ciento cincuenta mil imágenes o «células», caracterizando la vida de Moisés. En 1998, luego de una inversión de casi ochenta millones, *El príncipe de Egipto* fue lanzada, obteniendo ganancias de más de doscientos millones a nivel mundial.

3. LA SEGUNDA COSA A TENER CLARA

Habiendo visto el progreso de *El príncipe de Egipto* desde los bosquejos del guión gráfico y las canciones parcialmente compuestas, fue muy emocionante cuando Bobbie y yo fuimos a ver la película terminada en nuestro teatro local. Al recordar la historia de cómo Jeffrey Katzenberg se <u>sentó y leyó la Biblia, nos maravillamos una vez más</u> por el poder de las Escrituras.

«Es <u>asombroso</u>», fue todo lo que pudimos decir.

Este libro, esta colección de antiguos manuscritos, el libro más vendido de todos los tiempos, por el cual hombres, mujeres y niños dieron sus vidas a fin de preservarlo; este libro que todavía tiene <u>el poder de tocar vidas, instruir, reprender, consolar y ser nuestra guía cuando el infierno se desate</u>...

... es <u>la Palabra de Dios.</u>

[Notas manuscritas:]

Sal 115,9 Oh Pili, confía en Jehová
El es tu ayuda y tu escudo.

Pili, confía en Jehová.
El es vuestra ayuda y vuestro escudo.
los que teméis a Jehová, confía en Jehová
El es vuestra ayuda y vuestro escudo

Jehová se acordó de nosotros, nos bendecirá.
Bendecirá a Pili,
Bendecirá a la casa de Pili,
Bendecirá a los que temen a Jehová
a pequeños y a grandes.

Aumentará Jehová bendiciones sobre
nosotros vosotros, sobre...

Benditos vosotros de Jehová

Nosotros bendeciremos a Jehová desde ahora y para siempre. Aleluya.

116. Amo a Jehová, pues ha oído mi voz y mis súplicas.
Porque ha inclinado a mí su oído
Por tanto le invocaré en todos mis días

4

La tercera cosa a tener clara
*La humanidad está eternamente
perdida y necesita un Salvador*

No era una imagen bonita.

Mi amigo James y yo estábamos en Atlanta. Habíamos terminado una reunión y contábamos con el tiempo exacto —aun teniendo en cuenta el tráfico— para llegar a la siguiente. A pesar de nuestra propensión por la aventura, habíamos incluso llamado con anticipación para asegurarnos de que sabíamos cómo llegar hasta allá.

«Giren hacia el norte en el boulevard Peachtree Industrial», nos dijo la recepcionista, «y busquen la avenida Sugarloaf. Nuestra oficina está solo a diez o quince minutos de donde ustedes se encuentran».

Obedeciendo las instrucciones, me encaminé hacia el norte. Aunque me mantenía atento para encontrar la avenida Sugarloaf, también estaba bastante entretenido en mi conversación con James. En la reunión que acabábamos de terminar se debatieron temas que necesitaban una seria reflexión. Además, debido a que él vive en Chicago y yo en Florida, teníamos cosas personales que tratar.

Pasaron veinte minutos, luego veinticinco, luego treinta... y no aparecía la avenida Sugarloaf. «Pensé que el viaje supuestamente tomaba de diez a quince minutos», dijo James al fin, mientras miraba su reloj.

«Sí, yo pensé lo mismo», respondí, empezando a sentir esa sensación de desazón en mi estómago.

Llamamos de nuevo a la recepcionista desde mi teléfono celular, sintiéndonos frustrados y ya un poco retrasados para la siguiente reunión. Ella repitió las instrucciones.

«Sí, *sí* giramos hacia el norte en Peachtree Industrial», le dije, tratando de esconder el hecho de que las palabras estaban saliendo entre un rechinar de dientes.

> *Estar perdido no es divertido en lo absoluto. Sé que has pasado por eso.*

Luego la recepcionista me pidió que le dijera dónde habíamos *iniciado* nuestro viaje. Le repetí nuestra ubicación anterior.

Hubo silencio al otro lado del teléfono… luego un suspiro… más tarde un «Oh, no».

El problema fue que el lugar de nuestra primera reunión *ya* estaba al norte de la avenida Sugarloaf. Debimos haber girado hacia el sur…

De repente recordé que todo el tiempo que habíamos estado viajando hacia el norte por la avenida Peachtree, los carriles hacia el sur tenían un tráfico pesado, pareciéndose más a un parqueadero de dos carriles que a una carretera. Incluso había señalado el embotellamiento, comentándole a James cuán feliz me sentía de no formar parte de «esa pesadilla».

Giré nuestro auto y logré introducirme en un carril hacia el sur del «lote de carros usados» de la avenida Peachtree Industrial.

Una hora más tarde, llegamos a nuestra reunión. ¡Qué desperdicio! Por supuesto, bromeamos con la recepcionista cuando por fin llegamos, pero estábamos frustrados y no era algo de lo cual queríamos reírnos.

Estar perdido no es divertido en lo absoluto. Sé que has pasado por eso.

4. La tercera cosa a tener clara

Un problema con el sitio de partida

Lo interesante de mi inesperada aventura con James fue que estuvimos en problemas desde el primer momento en que tomamos hacia el norte por la avenida Peachtree Industrial. ¿Por qué? Porque habíamos comunicado erróneamente nuestro punto exacto de partida, así que desde ese momento en adelante, cada milla que conducíamos era una milla que nos alejábamos de donde queríamos estar.

Lo mismo ocurre contigo y conmigo. En nuestra búsqueda para aclarar las cosas que necesitamos saber antes de que el infierno se desate, debemos tener definido nuestro punto de partida.

Debido a nuestra naturaleza humana, la Biblia dice que comenzamos nuestra jornada perdidos. «Yo sé que soy malo de nacimiento; pecador me concibió mi madre».[1]

En realidad, es peor que eso… estamos *eternamente* perdidos. Eso es algo incluso más peligroso que el lote de carros usados de la Peachtree Industrial.

Y en ocasiones no es fácil admitir que estamos perdidos espiritualmente.

Bobbie y yo estábamos asistiendo a un concierto en el famoso auditorio Ryman, en el centro de Nashville. Este auditorio, conocido en todo el mundo, fue construido en 1892 y fundado por un capitán de barcos fluviales, siendo considerado por algunos como el lugar de nacimiento de la música country.[2] En el intermedio, Bobbie y yo nos dispusimos a abrirnos paso hasta la cafetería para comprar algunos refrigerios.

—Hola, Robert —escuché a unos pocos metros.

Me di la vuelta para ver a alguien que reconocí de inmediato, un hombre que asistía a nuestra iglesia junto con su joven familia. Bobbie y yo habíamos llegado a conocer a Ray y su esposa Judie algunos años atrás. Ellos asistían con regularidad a nuestra clase de Escuela Dominical. Incluso habíamos disfrutado de una cena en su casa con un grupo de buenos amigos. Sin embargo, al ver a Ray en ese instante, me di cuenta de que habían pasado varios meses desde que le viera en la Escuela Dominical... o en la iglesia.

Me salí de la fila y estreché la mano de Ray.

—¡Qué bueno verte, Ray! —le dije.

—¡Ah, qué bueno verte también! —respondió con timidez.

Entonces, como una vela que se infla con una bienvenida ráfaga de viento, Ray dio un respiro con confianza. Él parecía recordar algo importante.

—Juddy y yo dejamos de ir a la iglesia —me dijo—. Hemos decidido que para nuestros tres hijos también era mejor no asistir.

Yo no hablé. En lugar de ello, hice mi mejor esfuerzo para comunicarle de manera no verbal a mi amigo que agradecía su honestidad y estaría feliz de recibir una explicación *si* él estaba dispuesto a hacerlo. Y así lo hizo.

—Simplemente nos cansamos de esas oraciones de confesión que el ministro hacía que recitáramos durante cada servicio de adoración —explicó Ray, hablando con mucha desenvoltura y seguridad—. No me gusta escuchar ese tema de que soy una persona pecaminosa... estoy seguro de que mis hijos tampoco necesitan escucharlo. Eso sencillamente no levanta la autoestima» —añadió él con marcada determinación.

Era evidente que Ray no estaba buscando una discusión, por lo menos no justo allí, en el vestíbulo de Ryman, con la segunda mitad de una presentación a punto de comenzar. Busqué algo que decir, *algo* que pudiera acercar a Ray y su familia de nuevo a la iglesia.

Mientras caminábamos, le dije a Ray que Bobbie y yo estaríamos felices de volver a ver a su familia en la iglesia y que me apenaba que pensara que la oración de confesión era dañina.

Nos dimos la mano y nos dijimos adiós.

Observé a Ray alejarse, girando hacia el norte en la avenida **Peachtree Industrial**.

4. La tercera cosa a tener clara

La descripción del trabajo de todo ministro y maestro

La inspiración para este asunto de estar «perdido» provino de mi amigo John Kramp, que escribió un libro hace algunos años lleno de algunas de las más creativas y útiles ideas para hablarle a la gente de Cristo.[3] John les presentó a los lectores «las leyes de la perdidología». Los sujetos perdidos como James y yo, marchando ciegamente hacia el norte por la avenida Peachtree Industrial, a menudo no están conscientes de que están perdidos.

El libro de John y el problema de Ray con la oración de confesión me forzaron a estudiar con cuidado la mejor manera de alcanzar a la gente en nuestra clase de la Escuela Dominical. En realidad, esto fue lo que me inspiró para contactarme con el reverendo Mark De Vries, el pastor de los jóvenes y sus familias de nuestra iglesia.

En unos pocos días, Mark y yo nos sentamos a conversar. Le conté sobre el libro de John y Ray, y le expliqué cuán inquieto me sentía. Mark me confesó haber tenido algunos de estos mismos pensamientos, incluyendo una reevaluación de su llamado y la descripción de su trabajo en el ministerio pastoral.

Antes de que nuestra breve reunión terminara, habíamos concluido un asunto crítico en referencia a nuestros trabajos: no había nada más importante para nosotros que dar a conocer la verdad bíblica de que todos estamos eternamente perdidos y necesitamos un Salvador.

Sin embargo, como un pasajero que se atreve a desafiar el sentido de orientación de un conductor, estamos en peligro cuando les llamamos la atención a algunas personas —personas a las que amamos— para que reconozcan que están en el camino equivocado, dirigiéndose a ninguna parte. Supongo que estoy sintiendo algún tipo de aprensión en este momento... contigo. Es probable que no aceptes con mucha facilidad mi llamada de atención en cuanto a lo que la Biblia dice: que todos estamos eternamente perdidos.

No obstante, tú y yo nos encontramos en el *mismo* barco perdido. Como lo aprendimos mi amigo y yo en nuestro paseo hacia el norte en la avenida Peachtree Industrial, es mejor tener nuestro punto de partida bien claro antes de ir más allá.

¿Qué hay sobre nuestros corazones?

En la época del Antiguo Testamento, Dios llamó a algunos hombres a ser profetas. Debajo de sus nombres, en sus tarjetas de presentación, podían haber estado estas palabras: «Así dice el Señor». O tal vez: «Escucha con cuidado, porque es probable que lo que Dios tiene que decirte te deje abatido».

Consideremos a Jeremías. Su tarea, llamar al pueblo de Judá al arrepentimiento, duró alrededor de cincuenta años. Durante ese tiempo fue amenazado, llevado ante la corte para defender su vida, colocado tras las rejas, forzado a huir del rey, humillado en público por un falso profeta y lanzado a una fosa.[4] Jeremías nunca se casó y a menudo se refieren a él como «el profeta llorón». Este profeta se tomó muy en serio la tarea de hablarle a la gente de su perdición.

Jeremías les decía con audacia a sus amigos, repitiendo las palabras que Dios le había dicho que dijera: «Así dice el Señor: "¡Maldito el hombre que confía en el hombre! ¡Maldito el que se apoya en su propia fuerza y aparta su corazón del Señor!»[5]

Luego el profeta critica con pasión el corazón de todos ellos. «Nada hay tan engañoso como el corazón. No tiene remedio».[6] Y a continuación, casi con un aire de resignación, añade: «¿Quién puede comprenderlo?». Aquí Jeremías está haciendo la pregunta de la cual no podemos alejarnos, aquella que tú y yo también nos formulamos.

¿Qué *hay* sobre nuestros corazones?

El escritor de himnos del siglo dieciocho, Robert Robinson, resumió la misma idea sobre la perdición de nuestros corazones por medio de su prosa cuando escribió:

4. La tercera cosa a tener clara

> Propenso a vagar, Señor, lo presiento,
> Propenso a dejar al Dios que amo.[7]

Cuando nuestra hija Julie era una niña pequeña, en ocasiones en realidad *trataba* de perderse cuando salíamos de compras. Al no ser una persona que era víctima de la ansiedad debido a la separación ni siquiera cuando era pequeña, sino una amante del juego de las escondidas, ella desaparecía detrás de los percheros de ropa o se acurrucaba detrás del mostrador, esperando que nosotros nos asustáramos y comenzáramos a llamarla. Su madre le puso punto final a este inseguro juego con unas severas advertencias.

Sin embargo, a diferencia de Julie, tú y yo de modo usual nos parecemos más a las ovejas vagando en el capítulo 15 del Evangelio de Lucas, en el Nuevo Testamento. Mordisqueamos un poco de hierba aquí, después notamos que la hierba de más allá se ve mejor... y luego nos damos cuenta que la hierba *de mucho más allá* se ve incluso mejor. «En ningún momento», dice el Dr. James MacDonald, «miramos alrededor y nos preguntamos: ¿Cómo rayos llegué hasta aquí?».[8]

¿Por qué nos alejamos de la seguridad y nos perdemos? Jeremías nos lo dijo. Nuestros corazones son engañosos... *desesperadamente* engañosos.

Aunque mi amigo Ray no pudiera soportar las palabras, todavía eran ciertas: nosotros *somos* pecadores. Como un plato con virutas de metal expuestas a un poderoso imán, sin la transformación divina, nuestros corazones se inclinan de una manera inexplicable al egoísmo, el orgullo, la mezquindad, el chisme y la avaricia.

Algunos podrían decir: «Sí, pero yo conozco gente amable que hace muchas buenas obras, pero que no tiene tiempo para los asuntos espirituales y en verdad ninguna devoción por Dios». Dado que somos seres creados a la imagen de Dios, *sí* tenemos la capacidad de ser amables y generosos y realizar buenas obras. Jeremías no dijo que no contáramos con las herramientas para hacer cosas valiosas. Lo que dijo, porque Dios le dijo que lo hiciera, es que nuestros corazones necesitan ser transformados, pues son engañosos y perversos. En ocasiones, nuestras obras podrían ser ejemplares, pero nuestros corazones necesitan ser cambiados.

El apóstol Pablo lo dice de otra manera, no dejando duda alguna de que todos estamos en el mismo coche, encaminándonos en la dirección incorrecta: «No hay un solo justo, ni siquiera uno; no hay nadie que entienda, nadie que busque a Dios».[9]

Este es el punto de partida para todos nosotros: debemos reconocer que necesitamos ayuda. Así como cuando programamos aquella «fiesta huracán» con los McCloskey (la cual nunca llevamos a cabo), la desorientación puede sonar divertida. Pero al final, cuando el infierno se desata, se convierte en una pesadilla mortal.

Ninguno de mis vecinos ni yo olvidaremos cómo «hacer una fiesta y sobrellevar la tormenta» sonaba en realidad divertido. Sin embargo, dos semanas después, cuando el siguiente huracán estaba en camino dirigiéndose hacia nosotros a través de Miami y el sureste de la Florida, programar otra fiesta ni siquiera se nos ocurrió. En realidad, de lo único que hablábamos era de prepararnos. Cuando supimos que la nueva tormenta se dirigía hacia nosotros, conduje a las cinco de la mañana hasta Home Depot para comprar tableros de madera. Los cuatro locales de nuestra ciudad habían abierto muy temprano para que las personas pudieran adquirir los suministros de emergencia, pero yo me imaginaba que estaría muy adelantado a la multitud.

En la oscuridad, conduje hacia el este por Conroy-Windermere Road en dirección a la tienda. A no más de dos millas de nuestra casa, la avenida se cruza con la autopista Florida Turnpike, la única en la Florida que viene desde Miami hacia el noroeste.

Quedé de una pieza cuando miré hacia el sureste a lo largo del Turnpike. Como un collar de perlas iluminado, las luces formaban una cadena que se extendía hasta donde alcanzaba mi vista. En las horas previas al amanecer, estos carros, alineados uno tras otro, se dirigían lentamente hacia el norte. Los residentes de la

Florida habían sido sorprendidos sin ninguna preparación la primera vez. En esta ocasión no sería así.

La mayoría de las veces, los accidentes ocurren sin previo aviso. Debemos estar listos *con antelación* a la tragedia. Entender nuestra perdición debería motivarnos a estar listos *antes* de que el infierno se desate. Cualquier resistencia a admitir nuestra perdición es a menudo solo resultado del orgullo.

El peligro del orgullo

Durante los setenta, no había un jugador defensivo más temido que Jack Tatum, del equipo Oakland Riders. Luego de unos pocos años en la Liga Nacional de Fútbol Americano, Jack se ganó el apodo de «asesino». ¿Te haces una idea?

Tatum nació y fue criado en Nueva Jersey. Y aunque no jugó fútbol americano hasta la secundaria, para sus entrenadores fue muy pronto evidente que poseía enormes habilidades junto a un innegable instinto asesino, una herramienta en especial útil para los hombres que juegan fútbol americano.

Jack fue llamado a las filas de los Oakland Riders, un equipo muy conocido por su política agresiva de juego.

El 12 de agosto de 1978, en un juego de pretemporada entre los Riders y los New England Patriots, un joven y desgarbado receptor llamado Darryl Stingley iba a atrapar un pase corto diagonal a lo largo del centro del campo. Desdichadamente para él, esta ruta le llevó al territorio de Jack Tatum.

El pase del mariscal de campo de los Patriots, Steve Grogan, voló por encima y un poco detrás de los brazos extendidos de Darryl. En el momento de mayor vulnerabilidad de Stingley, el casco y el hombro de Jack Tatum se estrellaron contra el cuello del receptor.

El cuerpo de Darryl Stingley cayó al césped como una roca.

El terrible impacto del bloqueo a alta velocidad de Jack Tatum dañó la espina dorsal de Stingley, convirtiéndolo en un cuadripléjico.

No había nada ilegal en cuanto al contacto, y Jack Tatum lo

sabía.[10] Él se paró por un momento cerca del cuerpo inerte de Stingley, que yacía boca abajo sobre el suelo, se dio la vuelta, y se alejó caminando.

Incluso tres décadas después de la tragedia, Jack Tatum nunca ha contactado a Darryl Stingley. No le llamó al hospital y nunca se disculpó o expresó ningún arrepentimiento por el incidente que convirtió a un brillante atleta en un lisiado sin movimiento. No dijo ni siquiera una palabra. No tuvo ninguna expresión de remordimiento por lo ocurrido aquel día de agosto. Ninguna demostración de humildad o preocupación por haber terminado con la carrera de un hombre.

Al responderles a los reporteros que le censuraron por su comportamiento, Tatum dijo que no veía la necesidad de disculparse, pues él no había roto ninguna regla.

Puedo identificar por completo mi rechazo a confesar mis propios errores.

El peligro del orgullo, sencilla y directamente, es una indisposición a expresar con humildad nuestro arrepentimiento.

No obstante, antes de erigir una estatua de bronce de Jack Tatum en la plaza central aclamándole como el cretino del pueblo, estoy forzado a darle una cuidadosa mirada a mi propia vida. Puedo identificar por completo mi rechazo a confesar mis propios errores. Por supuesto, mis metidas de pata pueden no parecer tan atroces como las de Jack Tatum, pero mi propensión al orgullo y la autosuficiencia pueden ser muy profundas. ¿Qué hay de ti?

La persona en el espejo

La mitología griega nos cuenta la historia de un notablemente apuesto joven llamado Narciso, el cual se arrodilló un día para mirar dentro de un plácido estanque y vio reflejada en las quietas aguas su propia imagen. En ese momento, Narciso se enamoró de un modo profundo de sí mismo.

En el Nuevo Testamento, la misma enfermedad afligió a otro

joven. La Biblia dice que él era rico. Tal vez poseía más que el sujeto de al lado y por lo tanto asumió ciertas cosas sobre sí mismo, como por ejemplo lo fabuloso que era. Cualesquiera hayan sido sus presunciones, el joven tenía «muchas riquezas» que lo acreditaban.[11]

Un día, este joven se acercó a Jesús. El apóstol Marcos dice que «se postró», al igual que Narciso. Su pregunta en realidad parecía más un intento de perfeccionar su hoja de vida que un deseo honesto de ser examinado por el Maestro.

Sin ninguna vergüenza, dijo tratando de halagar a Jesús: «Maestro bueno ... ¿qué debo hacer para heredar la vida eterna?»[12]

Esta era una pregunta que se refería a sí mismo de un modo inequívoco. «Dado que soy un gran fanático de mí mismo», pudo haber dicho de igual forma, «quiero vivir para siempre y gozar de *mí* por todo el tiempo que me sea posible».

«Haz una gran fiesta gratuita en el vecindario más pobre del pueblo», le dijo Jesús, «y entrega todas tus cosas».

Dado que podía ver con claridad el corazón del hombre joven, el Maestro lo puso en evidencia y expuso el orgullo y la codicia que moraban dentro de él. Las palabras de Jesús fueron más de lo que el joven pudo soportar. El joven se dio la vuelta y se alejó, con su cabeza inclinada, derrotado.

A finales de 1972, una juvenil Carly Simon acudió a un estudio de grabación y cantó una melodía que al instante se convirtió en la canción lema de las personas que vivían con los narcisistas del mundo. En enero de 1973, «You're So Vain» [Eres tan vanidoso] saltó al puesto número uno de la revista *Billboard*. La letra inicia con el relato de un hombre que lleva una bufanda naranja y llega a una fiesta, con su sombrero inclinado de modo estratégico cubriéndole un ojo. El coro decía: «Eres tan vanidoso, probablemente pienses que esta canción es sobre ti ... ¿No es así, no es así?».[13]

No obstante, un corazón orgulloso no merece canción alguna. En el libro de Proverbios, el rey Salomón, un hombre que ciertamente era poderoso, exitoso y lo suficiente rico como para lidiar con las tentaciones del orgullo, nos da su propia comprensión de los peligros que este pecado implica: «Al orgullo le sigue la destrucción; a la altanería, el fracaso».[14] Suena como si hablara la voz de la experiencia, ¿verdad?

Antes de que un devastador huracán azote, el orgullo dice: «Oye, puedo manejar esto. Me quedaré aquí y lo sobrellevaré». Luego de que un hombre golpea al cuello de su oponente en una colisión a toda velocidad, el orgullo niega que se hayan roto las reglas y dice: «No es mi culpa». Y como el joven adinerado, en la presencia de Dios mismo, el orgullo dice: «De seguro me gustarían más cosas, pero en realidad no me importa quién me las dé».

Salomón le dice a toda persona orgullosa, por perdida que pueda estar: «Cambia tu actitud o te hundirás hasta el fondo».

Tu autosuficiencia no te sirve de nada

«Salir adelante sin ayuda» podría ser el eslogan de todo hombre o mujer orgulloso, ambicioso y preocupado por alcanzar sus metas en el mundo. «Es un hombre que se ha levantado por su propio esfuerzo» para algunos es el más alto cumplido que un individuo puede recibir jamás. «Fíjate en lo que ella ha logrado» es como música para los oídos de una mujer determinada y ambiciosa.

Sin embargo, en lo que se refiere al tema de estar perdidos, la independencia es un fracaso. Tú y yo no somos capaces de arreglárnoslas por nuestra propia cuenta, encontrarnos o salvarnos a nosotros mismos.

La mayoría de los que establecemos nuestras resoluciones para el nuevo año podemos experimentar unos *pocos* días o semanas de sólidas enmiendas. No obstante, como la imagen que aparece por error en nuestras computadoras, o las ruedas de una carreta que de modo inevitable caen en los surcos de un sendero lodoso, tendemos a regresar a nuestras viejas rutinas y hábitos. Es difícil *no* hacerlo.

Años atrás, la enseñanza del Evangelio de Lucas en la Escuela Dominical me dio la oportunidad de ver el problema real. Algunos meses después de estar estudiando el texto del Nuevo Testamento, llegamos al capítulo 18. Unos pocos versículos más adelante, el doctor Lucas ilustra el diagnóstico por medio de las palabras de Jesús: «A algunos que, confiando en sí mismos, se creían justos y que despreciaban a los demás, Jesús les contó esta parábola».[15]

Parece que el orgullo no es solo una «enfermedad» contemporánea.

Jesús continuó describiendo a dos hombres que habían ido al templo a orar. Uno de ellos, un fariseo (probablemente con su turbante inclinado de un modo estratégico cubriéndole un ojo), entra con grandes pasos y seguro de sí mismo hasta el altar. «Dios», comienza, «te agradezco por no ser como los otros hombres, ladrones, hacedores del mal, adúlteros, o incluso como este recolector de impuestos», añade señalando hacia el hombre parado a una corta distancia. Luego continúa alardeando la variedad de rituales religiosos que practicaba… bueno, religiosamente.

Al mismo tiempo, el recolector de impuestos, el blanco del escarnio del fariseo, se mantenía con su cabeza inclinada en señal de humildad. Incluso se golpeaba el pecho con sus puños, como un acto de contrición. «Dios», oraba, «me arrojo a tus pies contando con tu gran misericordia. ¡Yo soy un *pecador*!»[16]

Cuando la lección de nuestra Escuela Dominical estaba a punto de terminar, concluí diciendo: «Tú y yo estamos eternamente perdidos y necesitamos de un Salvador… Y no podemos salvarnos a nosotros mismos».

Al día siguiente, un hombre que se identificó como Chuck Willoughby llamó a mi oficina. Me advirtió que tal vez yo no sabría quién era él. Estaba en lo correcto, no reconocí su nombre. Este hombre había estado en clases el día anterior y deseaba saber si podía invitarme a almorzar.

Revisé con rapidez mi calendario y, feliz de ayudarle, pregunté: «¿Qué tal el jueves a las once y media?

«Eso está bien», respondió Chuck.

El jueves, a la hora señalada, un Porsche 928 británico de carreras color verde se detuvo frente a nuestro edificio. Parecía algo que acababa de salir de una pista de carreras. Mi ritmo cardíaco se aceleró a toda velocidad. La ventana del pasajero descendió con suavidad.

«Hola, yo soy Chuck», dijo el amable conductor, inclinándose lo suficiente como para que yo pudiera ver su rostro.

Abrí la puerta y me deslicé sobre el suave y flexible asiento de cuero, le di la mano a Chuck, me coloqué el cinturón de seguridad, y nos fuimos a almorzar.

«Tiene un bonito carro... *en realidad* es un lindo carro», le dije, sin hacer ningún intento por mostrar la diplomacia de una persona agradable.

«Gracias», respondió Chuck. Su calidez y sinceridad eran genuinas. Incluso en el corto camino hasta Pargo's me pude dar cuenta de que, aunque disfrutaba de su sofisticado auto, no estaba enamorado de él. De inmediato me agradaron la sencillez y la amigable disposición de Check, y recuerdo haber pensado que íbamos a disfrutar de un agradable tiempo juntos.

Debido a que todavía no era la hora el mediodía, el estacionamiento estaba prácticamente vacío. Chuck encontró un buen lugar junto a la puerta delantera y estacionó ahí, deteniéndose en el momento exacto. Incluso estacionar en un auto como ese se sentía bien.

Entramos a Pargo's.

«Mesa para dos», le dijo Chuck con confianza a la anfitriona.

La seguimos hasta una esquina lejana del restaurante, un lugar perfecto para un almuerzo en el que dos personas intentaban conocerse.

Aun antes de que nuestro mesero volviera con el té dulce, Chuck comenzó a hablar. Me dijo que él y su esposa Penny no habían sido asistentes regulares ni a la iglesia ni a la Escuela Dominical, pero sus dos hijos en crecimiento habían comenzado a hacer preguntas difíciles sobre la vida. «Pensamos que ellos de-

4. LA TERCERA COSA A TENER CLARA

bían estar involucrados en una iglesia en alguna parte y decidimos acompañarles», me explicó.

Nuestras bebidas llegaron, nos tomamos unos minutos y ordenamos el almuerzo. Sin embargo, tan pronto como el camarero se marchó, Chuck continuó la conversación en donde la había dejado.

«Estuve ahí el último domingo cuando al finalizar la lección usted dijo que estamos eternamente perdidos y necesitados de un Salvador y que no podemos salvarnos a nosotros mismos».

Chuck dudó por unos instantes, miró hacia abajo y escurrió con su dedo la condensación que corría por su vaso de té. Por último, levantó la vista y me miró fijamente.

«Estoy perdido», dijo Chuck en una forma tan clara y directa como si hubiera sido un testigo ante un tribunal. «Estoy perdido», repitió.

A lo largo de los años, desde mi primera reunión con Chuck, he reflexionado sobre la intensidad de aquel almuerzo. Y Chuck y yo hemos hablado también sobre ello varias veces desde entonces. Fue un momento decisivo: un hombre al que no había conocido antes, a los diez minutos de nuestra primera reunión, revelándome la intimidad de su alma.

Mientras disfrutábamos de nuestro almuerzo, resultó emocionante asegurarle que una persona perdida puede ser encontrada. Explicarle cómo Jesucristo murió para salvar a los perdidos... hombres como Robert y Chuck. El rostro de Chuck irradiaba esperanza al escuchar cómo un individuo puede confesar su condición de perdido, su pecado, y recibir el regalo gratuito de ser «encontrado»... la salvación. Motivé a Chuck a encontrar un lugar en el cual arrodillarse durante los siguientes días y orar, entregándole su corazón a Dios con sus propias palabras.

Luego de haberme prometido pensar en todo lo que habíamos conversado, Chuck estuvo de acuerdo en comunicarse pronto y luego pidió la cuenta.

Durante los siguientes diez años, casi todo en la vida de Chuck Willoughby se modificó. Una serie de sucesos allanaron el camino para que tuviera un cambio de carrera. Dejó su lucrativo trabajo en una corporación y fundó una pequeña compañía de producción de vídeos. Un año más tarde, me lo encontré en la iglesia. La transformación solo puede describirse como notable.

«Vamos a vender nuestra casa y hacer un gran cambio», me dijo Chuck con un innegable brillo de confianza en sus ojos. «Voy a ir al seminario».

En la actualidad, Chuck es un pastor presbiteriano y conoce el gozo de abrir la Biblia que él ama y enseñarle a su congregación sobre estar perdido y ser encontrado. Él y Penny están sirviéndole al Señor con entusiasmo, amor, humildad y distinción.

La última vez que vi a Chuck, no estaba conduciendo ningún deportivo británico color verde, pero el brillo y el gozo de este hombre eran visibles… un hombre que una vez estuvo perdido y que andaba por su cuenta, pero que ahora ha sido magníficamente encontrado.

No más excusas

En ocasiones, el estar perdidos se convierte en una manera muy cómoda de vivir. Como niños buscando en el patio del colegio a alguien más que falló el examen, en ocasiones buscamos gente que nos dé permiso para continuar perdidos y así aliviar nuestra culpa.

No obstante, cuando la gente perdida se queda sola y admite la verdad, puede experimentar un cambio verdadero. Un notable relato en el Evangelio de Juan arroja alguna luz al respecto.

En la esquina noreste de la muralla que rodeaba la ciudad de Jerusalén, había una entrada conocida como la Puerta de las Ovejas. Al otro lado de la puerta había un estanque llamado Betesda. Debido a que no había agua corriente en los hogares, los ingenieros de la ciudad diseñaban lugares donde recolectar agua a fin de que la gente pudiera bañarse y lavar su ropa de una manera colectiva.

Sin embargo, había algo especial con respecto a Betesda. En ocasiones, el agua que casi siempre estaba quieta se agitaba bur-

4. La tercera cosa a tener clara

bujeando por alguna razón misteriosa. Los residentes locales creían que los ángeles movían el agua, y que cuando esto ocurría, el estanque tenía cualidades curativas. Así que la primera persona enferma en entrar al estanque luego de que las aguas fueran agitadas de un modo sobrenatural, sería sanada milagrosamente.

Luego Juan identifica a un hombre enfermo, aunque no se nos dice su enfermedad en particular, que había lidiado con su condición durante treinta y ocho años. Jesús se acercó a él y le hizo una pregunta directa.

Mirando al hombre acostado ahí y a sabiendas de que había padecido tal enfermedad por largo tiempo, Jesús le dijo: «¿Quieres quedar sano?».[17]

¡Qué clase de pregunta para una persona desesperadamente enferma! En primera instancia, la misma parece fuera de lugar. Resultaba lógico, incluso apropiado, que el hombre le respondiera a Jesús: «¡Amigo! ¿Hablas en serio? ¿Que si quiero ser sano? No puedo *esperar* para librarme de este dolor».

Con todo, no es así como el hombre enfermo responde. La pregunta que hizo Jesús revelaba una enfermedad más profunda que la condición física que el hombre sufría.

«Señor —respondió—, no tengo a nadie que me meta en el estanque mientras se agita el agua, y cuando trato de hacerlo, otro se mete antes».[18]

¿Entiendes lo que dijo? Como un hábil político en una conferencia de prensa, el hombre enfermo esquivó la pregunta de Jesús. Él no dijo: «Sí, Señor. Quiero ser sanado». En lugar de ello, reveló su creencia de que era imposible cambiar la situación. Él se quejó de cuán difícil era llegar hasta el agua curativa.

> *Como un hábil político en una conferencia de prensa, el hombre enfermo esquivó la pregunta de Jesús.*

Una de las realidades de una vida enferma espiritualmente, perdida, es que puede convertirse en nuestra identidad. En lugar de tener esperanza y recibir la sanidad, en ocasiones es más fácil para la gente que está perdida juntarse con otras personas perdidas y crear una falsa sensación de alivio inmediato.

¡Es como dar vueltas con los vagones por el desierto en lugar de buscar un camino de salida!

El hombre enfermo (perdido) del estanque de Betesda tenía una identidad. Él era un hombre enfermo (perdido). Dado ese hecho, nadie tenía ninguna expectativa con relación a él. «Oye, no hay nada mejor que él pueda hacer. ¿Qué esperas?», tal vez decía la gente que formaba parte de su mundo, su familia y sus amigos. «Él está enfermo».

Así que la pregunta de Jesús significaba algo asombroso para el hombre.

Si es que llego a ser sanado, debe haber pensado, *todo en mi vida va a ser diferente.*

Lo que resulta interesante en la narración del apóstol Juan de esta historia es lo que omite, porque las siguientes palabras registradas son de Jesús, que motiva al hombre enfermo a experimentar una nueva vida.

«Levántate, recoge tu camilla y anda».

Sin embargo, ¿qué debe haber sucedido en realidad entre la excusa del hombre enfermo y las palabras de sanidad que escuchó? Su sanidad ocurrió una vez que él concluyó que necesitaba abandonar esta pequeña fraternidad de personas enfermas alrededor del estanque.

«No solo estoy enfermo y necesito ser sanado», pudo haberle dicho el hombre a Jesús, «sino que estoy enfermo de estar enfermo. Estoy listo para ser sanado, para llevar la vida de un hombre sano. No más intentos de justificarme escondiéndome entre otras personas perdidas. No más excusas para mí. Quiero seguir adelante y que me llamen "encontrado"».

Por favor, ayúdame

Como todo chico en el colegio, intenté pertenecer al equipo de baloncesto Franklin Tigers. Cada cierto tiempo, el entrenador

4. La tercera cosa a tener clara

colocaba la lista de nombres en la puerta de su oficina, la cual nos indicaba quién debía continuar presentándose para la práctica y, por supuesto, en virtud del hecho de que sus nombres *no estaban* en la lista, quiénes eran los chicos que no necesitaban tomarse la molestia.

Pasé la primera selección. No estés demasiado impresionado, pues creo que la primera lista seleccionaba, de entre doscientos cincuenta ansiosos estudiantes de séptimo año, a doscientos sobrevivientes. Luego de algunos días más de intento, mi nombre y mis esperanzas fueron suprimidos de la lista.

Durante el resto de mi vida nunca logré ser parte de un equipo de baloncesto. Dejé de intentarlo luego del octavo año por dos razones: (1) Apenas alcanzaba el metro cincuenta de altura, y (2) mi papá prefirió que me dedicara a un trabajo remunerado.

Algo bueno me sucedió a los diecisiete años. Crecí. En lo que pareció ser un abrir y cerrar de ojos, llegué a medir un metro noventa. No obstante, aun así nunca intenté ninguna otra cosa más organizada que jugar baloncesto dentro de mi misma universidad. (Digo «intenté», aunque por supuesto, en estos juegos todos llegábamos a participar).

Luego de graduarme de la universidad, me pidieron que me uniera a una liga de baloncesto de YMCA. Mis compañeros de trabajo, que estaban organizando el equipo, se fijaron en mi metro noventa de estatura y llegaron a una conclusión, aunque seriamente inexacta: él sabe jugar baloncesto. El viejo adagio de no juzgar un libro por su portada podría ser trasladado a los términos atléticos: «No cuentes con un compañero de equipo solo porque sea alto».

Ahí estaba yo, usando una verdadera camiseta con un verdadero número (empleábamos marcadores mágicos sobre camisetas viejas en los juegos universitarios). Todo un jugador de baloncesto.

El problema fue que todo se reducía a la apariencia. Sí, era lo suficiente alto para jugar el juego y usar una camiseta, pero no era un jugador.

Luego de unos cuantos partidos, y unas cuantas actuaciones predecibles, comencé a dar excusas. «Vaya, no sé qué salió mal aquí», me quejaba. «Supongo que tuve un mal día». O el clásico pretexto: «¿Puedes creer lo que ese árbitro hizo?».

Un día, luego de algunas apariciones frustrantes y embarazosas en la cancha, les hice la dolorosa confesión a mis compañeros de equipo. «Yo no soy un jugador de baloncesto», dije. «Nunca he pertenecido a un equipo organizado y en realidad no sé qué estoy haciendo aquí».

Ellos no se mostraron sorprendidos.

Sin embargo, dado que había admitido mi condición patética, me sentí libre para pedirles ayuda. Había algunos hombres en nuestro equipo con años de experiencia en los equipos universitarios. A partir de ese momento, ya no sería tan orgulloso como para no pedir ayuda. No actuaría más como si estuviera jugando por debajo de mi nivel habitual. Con mi confesión, al final me sentí liberado para poder trabajar en mi juego.

Así como Chuck Willoughby y el hombre del estanque de Betesda, cuando tú y yo admitimos que estamos en problemas —perdidos, necesitando una ayuda radical y sin poder ayudarnos a nosotros mismos— entonces nuestra sanidad será posible.

Sin la llamada telefónica desde el carril norte de la avenida Peachtree Industrial, continuaríamos dirigiéndonos hacia nuestra perdición, aprendiendo a sobrellevar —a anestesiar— el sentimiento de desazón que se presenta como resultado de no saber dónde estamos y hacia dónde vamos.

Poniendo las cosas en claro

Cuando niños, mis hermanos y yo llevábamos nuestro propio almuerzo a la escuela. No obstante, aunque las cosas que mi madre ponía en esas pequeñas bolsas de papel color café eran mucho más nutritivas que el refrigerio que se servía en la escuela, había algunas ocasiones en que llevar mi bolsa me hacía sentir como un tonto.

4. La tercera cosa a tener clara

Recuerdo que entraba a la cocina temprano durante los días de escuela y veía a mi madre envolviendo en papel encerado emparedados de pavo, hechos con pan integral, y luego colocándolos en nuestras respectivas bolsas.

Lo interesante de llevar nuestro propio almuerzo es que lo preparamos mucho antes de estar hambrientos. En realidad, las cosas que usas para su preparación —mayonesa, lechuga, rebanadas de carne— parecen muy poco apetitosas en ese momento. Sin embargo, sabes que unas pocas horas después, cuando el hambre te ataque, todo eso resultará delicioso.

La verdad acerca de una comprensión absoluta de nuestra condición de perdidos es que aunque las cosas puedan estar yendo bien en este momento, el hambre te atacará, el infierno se desatará. Eso es seguro.

Así que el momento de aceptar que nuestros corazones son pecaminosos es justo ahora. Y Dios conoce nuestros corazones.

Cuando los vientos han alcanzado 100 millas por hora, con ráfagas entre 120 y 130 millas por hora, será demasiado tarde para hacer cualquier cosa. Solo te quedará acomodarte y aceptar las cosas. ¿Sabrás qué hacer cuando llegue esa llamada telefónica y sientas como si alguien hubiera pateado tu estómago?

¿Están las cosas claras o pareciera que todo da vueltas fuera de control?

Es probable que seas un veterano en cuanto a tu condición de perdido. Un profesional. Tal vez seas tan bueno en este asunto de la perdición como cualquiera que conozcas. No obstante, también es posible que estés preparado para responder una pregunta que debe sonarte familiar.

El agua se está agitando. ¿Estás listo para pedir ayuda? *¿Quieres ser sanado?*

5

La cuarta cosa a tener clara
Jesucristo murió para redimir a la humanidad

¿Qué vas a hacer con Jesús?

El individuo promedio no anda pensando en esta pregunta de manera regular. Imagina que encuentras tu asiento en un vuelo y colocas de modo adecuado tu portafolio debajo del asiento frente de ti. Luego te vuelves hacia la persona que está a tu lado y le dices: «Buenos días, ¿cómo está?».

«Bien, gracias», responde, «estoy sentado aquí, tratando de decidir qué hacer con Jesús».

Aunque tal vez nadie te haya dicho esto en un avión, lo que tú y yo hagamos con Jesús tiene más peso del que nos podamos jamás imaginar. Esto puede sonar un poco exagerado, pero no lo es.

Alguien que cambió todo

Supongamos que esta mañana te bajaste de una nave espacial. Al leer este libro, escuchas por primera ocasión el relato del nacimiento, la vida, la muerte y la resurrección del hombre llamado Jesús, y sobre su afirmación de ser el Hijo de Dios, el tan esperado Mesías.

Tus preguntas probablemente sean predecibles y justas.

—Bueno —me preguntarías— ¿*Era* él el elegido? ¿Es él real?

—Vamos a dar un paseo —sugiero yo.

Nos subimos a mi auto y a tres cuadras de mi casa pasamos frente a un edificio.

—Esta es una estructura que fue construida en honor a Jesús —digo señalando hacia una gran iglesia, la cual en su parte delantera tiene una enorme cruz.

—¿Cuándo fue construida? —preguntas tú, pensando que por alguna particularidad de la estabilidad arquitectónica, el edificio había sido erigido poco después de que la vida de Jesús en la tierra fuera completada.

—El año pasado —respondo.

—¿El *año* pasado?

Continuamos nuestro paseo. En nuestro corto viaje alrededor de la ciudad, tú y yo pasamos por no menos de cien edificaciones construidas no solo en memoria de Jesús, sino con el propósito de honrar y adorar su presencia y actividad *aquí* y *ahora*.

Te sientes asombrado por lo que ha sucedido gracias a ese pequeño niño de Belén.

—¿Cuántos edificios de estos hay alrededor de la tierra? —me preguntas.

—Bueno, más de un millón —respondo—. Desde maravillosas catedrales de piedra y vidrio hasta chozas hechas de madera y paja.

Te has quedado sin palabras, pero yo no he terminado aún.

Regresamos a mi casa y enciendo mi computadora portátil. Accedo a mi librería en línea favorita y escribo la palabra clave «Jesús». Descubrimos que al hacer clic en su nombre, nos listan más de un cuarto de millón de libros que *se están imprimiendo en la actualidad*... casi doscientos setenta mil.

—¿Todos esos libros sobre este niño? —preguntas con melancolía.

—Así es.

Vamos hasta mi librero y sacamos una copia de *El Libro de los mártires de Foxe*. Durante la siguiente hora, leemos historias de hombres, mujeres y niños que, de forma voluntaria, caminaron

5. La cuarta cosa a tener clara

hacia sus propias ejecuciones solo para defender su derecho a proclamar a Jesús, este pequeño niño, como su Señor y Salvador.

Luego te muestro mi Biblia y comienzo a contarte la manera milagrosa en que este libro ha sido preservado y cuán confiable es su texto, habiendo sobrevivido incluso a siglos de intentos directos de destruir o ridiculizar su contenido. Leo algunas de las historias del Antiguo Testamento, las profecías prediciendo los hechos específicos sobre Jesús, y los detallados relatos del Nuevo Testamento sobre su nacimiento, muerte y resurrección. Estudiamos la historia de cómo la iglesia y todos los edificios erigidos en honor a Jesús tuvieron su inicio. Y leemos cómo, algún día, Jesús regresará.

—Después de tantos años, las copias de este libro deben ser muy inusuales —señalas.

—En realidad, no —respondo—. El año pasado, más de quinientos millones de copias fueron distribuidos alrededor del mundo, en prácticamente todos los lenguajes conocidos.

—¿El *año* pasado?

—Sí, es el libro más vendido de todos los tiempos —añado.

Mueves tu cabeza con incredulidad. Las últimas horas te han dejado atónito. Te sientas en mi casa teniendo mucho en lo que meditar y muy poco que decir.

—¿Era el elegido? —finalmente susurras.

Yo asiento

—*Debe* haberlo sido —haces una pausa, revisando todo lo que acabas de experimentar—. Yo también creo en Jesús —indicas por último—, y con todo lo que he visto, no puedo imaginar que haya alguien en tu planeta que no crea en él.

Por lo tanto... ¿qué piensas tú?

Tal vez eran sus primeras vacaciones reales juntos. Un escape planificado para Jesús y sus doce discípulos era justo lo que necesitaban luego de dos años de ministrar las necesidades, del cuerpo y el alma, de las muchedumbres. No hay que preguntarse por qué estaban buscando un descanso.

Muchas de las personas que les rodeaban estaban discapacitadas y desesperadas. Las bajas y sucias batallas políticas diarias con las escandalosas élites religiosas y los rigores cotidianos al tener que caminar de un lugar a otro los estaban desgastando tanto como a sus sandalias. Y esto para no mencionar el desafío diario que representaba encontrar comida y albergue para trece hambrientos hombres.

El lugar que escogió Jesús para su breve descanso era perfecto. La serena y frondosa Cesarea de Filipo, localizada en las faldas del monte Hermón, estaba aproximadamente a veinticinco millas al norte del Mar de Galilea. Este lugar era tan placentero que el emperador romano César Augusto se lo obsequió como regalo personal a Herodes el Grande, el gobernador de aquella región.[1]

Con este hermoso escenario como telón de fondo para su breve retiro, Jesús y sus discípulos debieron haber tenido oportunidad de descansar y refrescarse en el limpio arroyo. Seguramente hubo mucho tiempo para una buena conversación. Fue aquí donde Jesús hizo la pregunta con la que iniciamos este capítulo, excepto que él la estaba haciendo sobre *sí mismo*.

En realidad, Jesús comenzó con un enfoque menos intimidante: «¿Qué está diciendo la gente de mí?».

Tú y yo podemos imaginarnos a los discípulos mirándose unos a otros antes de que alguno respondiera. *¿A dónde quiere llegar con esto?*, deben haberse preguntado.

«He escuchado a algunos decir que tú eres uno de los profetas vuelto a la vida», dijo al fin uno de sus compañeros. Algunos otros asintieron, mostrando que estaban de acuerdo. «Sí, tal vez Elías», comentó uno. «O Jeremías o incluso Juan el Bautista», añadió otro.

Aunque la Biblia no nos da muchos detalles sobre la conversación, es probable que haya habido un incómodo silencio luego del intercambio. Y en el silencio, quizás los hombres de manera intuitiva supieron que la siguiente pregunta de Jesús no sería tan fácil de responder como la primera.

5. La cuarta cosa a tener clara

Sus expectativas eran correctas.

«¿Y quién dicen *ustedes* que soy yo?», preguntó Jesús, mirándolos a la cara con su manera penetrante característica.

Me gustaría que él no hubiera preguntado eso, deben haber pensado los discípulos.

Jesús no les estaba hablando a las multitudes. No les estaba preguntando a los fariseos, los centinelas designados de los misterios mesiánicos. No, Jesús les estaba preguntando a sus más cercanos amigos, hombres que le conocían de un modo tan íntimo como un viaje de dos años podía permitirlo.

Simón Pedro habló. Como una clase llena de estudiantes que se sienten felices de ver a alguien ofrecerse como voluntario para responder, los otros discípulos deben haber emitido un suspiro de alivio colectivo.

«Tú eres el Cristo, el Hijo del Dios viviente», brotó de la boca de Simón Pedro casi sin esfuerzo alguno, como si hubiera estado leyendo las líneas de un guión. Y eso es exactamente lo que estaba haciendo. Jesús de inmediato le dio a Dios Padre el crédito por la declaración de Pedro.

«Dichoso tú, Simón, hijo de Jonás —le dijo Jesús—, porque eso no te lo reveló ningún mortal, sino mi Padre que está en el cielo».[2]

Lo que me asombra es que, luego de dos años de permanecer juntos, los *discípulos* no respondieran la pregunta de Jesús *al unísono*.

Ni siquiera hay un registro de una confirmación por parte de los otros, nada que diga: «Y los demás discípulos estuvieron de acuerdo». Incluso después de dos años ininterrumpidos de ver, escuchar y experimentar a la persona de Jesús, ¿no tuvieron estos hombres el coraje para hacerle frente a la pregunta con una respuesta segura?

No cabe duda que la pregunta «¿Qué vas a hacer con Jesús?» es difícil de responder.

Al no ser un fanático del comercio masivo, Jesús concluyó el diálogo pidiéndoles —ordenándoles— a sus amigos más cercanos que lo mantuvieran en secreto: «Luego les ordenó a sus discípulos que no dijeran a nadie que él era el Cristo».[3]

Los teólogos y eruditos han luchado con el «porqué» del rechazo de Jesús a la idea de proclamar de manera llamativa su cualidad mesiánica. Cualquiera agencia de publicidad o firma de relaciones públicas renombrada habría definitivamente recomendado un enfoque más agresivo. Si Jesús *hubiera* firmado un contrato con una agencia que supiera explotar un anuncio como este, habría creado un rumor a nivel mundial. No obstante, Jesús sabía que la fama provocada por tal publicidad podía cambiar de forma radical su plan de juego. Así que hizo su mayor esfuerzo para mantener protegida la verdad de su deidad.

Llegaría un momento más adelante en el ministerio de Jesús para que tuviera lugar una revelación total. La oportunidad era todo. Por ejemplo, cerca del principio de su ministerio, Jesús el Mesías le pidió al leproso sanado: «Mira, no se lo digas a nadie».[4] En lugar de ello, «él salió y comenzó a hablar sin reserva, divulgando lo sucedido. Como resultado, Jesús ya no podía entrar en ningún pueblo abiertamente, sino que se quedaba afuera, en lugares solitarios. Aun así, gente de todas partes seguía acudiendo a él».[5]

Esos eran los peligros de la fama que Jesús trataba de evitar a toda costa.

¿Qué vas a hacer con Jesús? no es una pregunta para que la grites en los graderíos repletos de entusiastas de los deportes o desde el escenario de una sala de conciertos abarrotada de fanáticos exaltados. Esta es una cuestión sencilla planteada al círculo de amigos de Jesús. Una pregunta hecha a ti y a mí en la tranquilidad de nuestros corazones.

Y antes de que todo el infierno se desate para nosotros, es mejor que tengamos la respuesta bien clara. Mientras sorteamos el tráfico en una frenética carrera hacia el hospital, nada puede ser más atemorizante que no saber quién es Jesús o qué vamos a hacer con él.

5. LA CUARTA COSA A TENER CLARA

Dado que estamos perdidos, necesitamos a alguien confiable que sepa cómo encontrarnos. Jesús es exactamente a quien estamos buscando.

¿Qué dijo Jesús sobre sí mismo?

A pesar de todos los esfuerzos de Jesús por no ser el centro de la atención, había ocasiones en que las preguntas referentes a su identidad eran inevitables. No mucho tiempo después de su retiro con sus discípulos, hubo un encuentro en el templo de Jerusalén. En esta ocasión, se le hizo una pregunta a Jesús referente a él mismo.

«Jesús andaba en el templo, por el pórtico de Salomón. Entonces lo rodearon los judíos y le preguntaron:

—¿Hasta cuándo vas a tenernos en suspenso? Si tú eres el Cristo [el Mesías], dínoslo con franqueza».[6]

La misma pregunta que había sorprendido a los doce discípulos unas pocas semanas antes, confrontaba a los teólogos de la época.

> Dado que estamos perdidos, necesitamos a alguien confiable que sepa cómo encontrarnos. Jesús es exactamente a quien estamos buscando.

Es probable que estos mismos discípulos hayan estado en el templo con Jesús cuando los judíos se le enfrentaron diciéndole: «Si tú eres el Cristo, dínoslo con franqueza».

Como un experimentado testigo enfrentando la interrogación de un hábil abogado, Jesús les recordó a estos judíos que sus obras, sus milagros, deberían haberles confirmado que él era el Cristo. No obstante, debido a que ellos no pertenecían a Jesús —su acusación los enfureció— todavía no lo entendían. Jesús terminó sus comentarios con una declaración que estos sujetos no querían escuchar: «El Padre y yo somos uno».[7]

En caso de que te preguntes si estos hombres aceptaron esta afirmación de que Jesús era igual a Dios, casualmente, no lo hicieron. En lugar de ello, tomaron piedras y amenazaron con ejecutar a Jesús en el acto. Una vez más, debido a que no era el tiempo de Dios, él fue capaz de escapar.

Yo soy el camino

No había pasado mucho tiempo después de la confrontación con los líderes judíos cuando las festividades de la Pascua llegaron.

El jueves por la noche, el día de la traición de Judas, Jesús les dijo a sus amigos en el aposento alto quién era en realidad. Y les indicó que una vez que los terribles sucesos de los siguientes días hubiesen pasado, serían lo suficiente fuertes para seguirle.

Con la misma autoridad que Jesús había desplegado cuando se encontró bajo el cínico escrutinio de los pomposos judíos, Jesús les dijo a sus amigos: «Yo soy el camino, la verdad y la vida … Nadie llega al Padre sino por mí».[8]

Arrojando el guante

Los comentarios de Jesús sobre sí mismo en el templo y el aposento alto lo cambian todo. Sus palabras lo eliminan de la categoría de los «hombres buenos» de la historia. Debido a la afirmación de Jesús de ser más que eso, los eruditos ya no tienen el derecho de consignarlo a la condición de «gran figura religiosa», «maestro moral» o incluso «profeta».

En el capítulo anterior, vimos el breve intercambio entre Jesús y el joven rico. ¿Recuerdas cómo el hombre se arrodilló y se dirigió a Jesús llamándole «Maestro bueno»?

La pregunta que Jesús le hizo a manera de respuesta fue sencilla y directa: «¿Por qué me llamas bueno? —respondió Jesús—. Nadie es bueno sino sólo Dios».[9]

Como al final ocurrió, debido a que el joven rico no estaba dispuesto a creer que Jesús era Dios, su saludo inicial fue anulado.

Jesús estaba diciendo: «No puedes llamarme bueno y no creer que soy Dios». Jesús había arrojado el guante.[10]

Las palabras de Jesús parecen bruscas, ¿verdad? «Vamos», dirían algunos, «denle algo de crédito al joven por entender el asunto aunque fuera solo en parte. ¿No se ganan *algunos* puntos al reconocer a Jesús como "bueno"?». ¿No es mejor decir que Jesús era «bueno» que indicar algo negativo sobre él?

En realidad, no.

¿Es Dios solo mi copiloto?

Robert L. Scott siempre había deseado ser un piloto de combate. Sin embargo, cuando el mundo se vio de repente enredado en la agonía de la Segunda Guerra Mundial, él se encontró atrapado volando aviones de transporte hacia China. No obstante, un día Scott tuvo su oportunidad, a la larga persuadió a su general para que le dejara volar con un valiente grupo de aviadores conocido como los Tigres Voladores. Mientras estaba en el escuadrón, Scott se involucró en un combate con un temible piloto japonés, conocido como Tokyo Joe.

En 1945, Warner Bros. estrenó una película basada en la historia de Scott. El título, *Dios es mi copiloto*, aunque suene como una afirmación adorable, representa una teología equivocada. Si Jesús es bueno, entonces es Dios... porque él *dijo* que lo es. Y si es Dios, tú quieres que él tenga los *controles*, no que ocupe el asiento del copiloto. Si no es Dios, es preferible que estés volando solo.

Tú y yo no queremos a un mentiroso como nuestro primer oficial. Elegirle como nuestro «copiloto» sería imprudente.

C. S. Lewis enmarca esta verdad empleando su manera tan inimitable y directa: «Puedes mandar a callar a Jesús como a un tonto, puedes escupirle y matarle como a un demonio; o puedes caer a sus pies y llamarle Señor y Dios. Pero no vengamos con un condescendiente sinsentido acerca de que él sea un gran maestro humano. Él no dejó abierta esa posibilidad. No tuvo la intención de que fuera así».[11]

Cuando el infierno se desate, tú y yo no querremos a Jesús en el asiento del pasajero. Él necesita estar al volante. Nadie que haga falsas afirmaciones de ser Dios debe ser nuestro navegante, nuestra enfermera, o alguien en quien podamos encontrar ayuda cuando las cosas salen mal. Entregarnos en nuestra desesperación a tan fraudulenta persona sería tonto.

Esta lógica es fácil de seguir, pero seamos sinceros, incluso si creemos que él es quien dice ser, entregarnos a su control no es tarea fácil. Una vez más, C. S. Lewis lo expone muy bien: «Lo terrible, lo casi imposible, es entregarles por completo todos tus deseos y preocupaciones a Cristo»[12]

Por supuesto, él está en lo correcto.

En los capítulos siguientes, descubriremos lo que significa «entregarse por completo» y poner a Jesús «al volante», pero por ahora, tengamos clara la verdad sobre la identidad de Jesús y veamos lo que él ha conseguido por nosotros. Y dado que nuestras creencias afectan nuestro comportamiento, es esencial tener los hechos bien colocados en su lugar antes de que el infierno se desate. Si esperamos, será muy tarde.

El momento oportuno

¿Eres impaciente? ¿Qué haces cuando te encuentras parado en una intersección y el semáforo cambia a verde, después que ha estado en rojo por lo que pareció una eternidad, y el conductor delante de ti está entretenido conversando por su teléfono celular?

¿O cuando eliges la caja registradora que tiene la fila más corta en el supermercado, pero la persona que está delante de ti trata de pagar su cuenta con un cheque del «Primer Banco Nacional de Neptuno» y el cajero tiene que llamar al gerente, el cual está limpiando un derrame de un producto químico?

No seas duro contigo mismo. Tienes buena compañía. Los judíos eran también sujetos impacientes, incluso cuando su espera no se refería a algo tan trivial como estas distracciones comunes.

Cuando vas a una producción teatral, el telón se cierra entre una escena y la otra. Esto les proporciona al director y los tramoyistas el tiempo necesario a fin de reacomodar el escenario para el siguiente acto. Tal cosa sucedió en el drama histórico del pue-

5. LA CUARTA COSA A TENER CLARA

blo elegido de Dios, entre el cierre del Antiguo Testamento y el comienzo de los sucesos del Nuevo Testamento. Sin embargo, a diferencia de los pocos minutos que esperas en una obra —o la intersección, o la caja del supermercado— este telón estuvo cerrado por cuatrocientos años.

Dos siglos antes del cierre cronológico del Antiguo Testamento, el territorio de Israel había sido dividido y conquistado. Las personas estaban siendo llevadas a Babilonia como exiliados. Bajo el liderazgo de Nehemías y Esdras, muchos israelitas cautivos habían retornado a la tierra prometida para reconstruir su hogar. No obstante, el haber vivido en una cultura pagana babilónica durante setenta años tuvo un resultado predecible. Cuando regresaron al hogar, un gran número de personas del pueblo de Dios se habían olvidado de él.

Muchos profetas se presentaron ante el pueblo, declarando el juicio de Dios y la necesidad desesperada de su nación de un Salvador. Algunos se arrepintieron. La mayoría no lo hizo.

Entonces, toda la comunicación entre Dios y sus mensajeros designados se interrumpió. Durante cuatro siglos el telón no se movió. Dios estaba en silencio.

Por desdicha para aquellos que habían logrado regresar a Canaán, ciertos guerreros oportunistas habían puesto sus ojos en esta tierra. Alejandro el Grande conquistó Palestina (el nombre dado a Israel en esa época), inundando al pueblo con la cultura griega. En realidad, Alejandro conquistaba territorios con el fin de lograr una cosa: cambiar la manera en que la gente pensaba. Al hacer esto, trataba de abolir la idea de que «Dios es Dios». Debido a que los griegos habían adoptado los dioses paganos de Egipto, Asia Menor y Persia, en su religión todos eran bienvenidos, mientras más dioses, mejor.[13] Alejandro adoptó la adoración de múltiples dioses y vivió para promulgarla a lo largo y ancho del mundo.

Los judíos que habían adorado con fidelidad al único y verdadero Dios, deben haberse sentido devastados cuando vieron romperse en pedazos todo aquello en lo que creían.

Con todo, durante el silencio de cuatrocientos años la paliza a los judíos no solo fue filosófica, sino también geográfica. Como un báculo en una carrera de relevos, los judíos pasaron de mano en mano en múltiples ocasiones.

Uno de los conquistadores fue Antíoco III o «Antíoco el Loco». El Hitler del siglo segundo a.C. sacrificó a un cerdo en el altar sagrado del templo y ordenó la inmediata ejecución de cualquiera que fuera atrapado con la más mínima porción de las Escrituras santas. Así como William Tyndale lo haría dos mil años más tarde, algunos se rehusaron a renunciar a sus preciados textos, eligiendo la muerte en su lugar.

Luego de que Roma conquistó Palestina, Herodes el Grande fue designado rey de los judíos. Tan despreciable era Herodes que ordenó que los primogénitos de toda familia fueran asesinados el día de su propia muerte para que hubiera mucho luto. Él sabía que de no ser así el día en que él muriera sería visto como una ocasión de celebración.

De este modo, durante cuatrocientos años los judíos, esperando en silencio, recibieron literalmente una paliza en cada frente. Así que ellos estaban listos para un Salvador.

El telón sube, y Dios habla

Luego de cuatro siglos de soberano silencio, Dios eleva su voz con compasión.

Una escritura del Nuevo Testamento resume el momento:

> Dios, habiendo hablado muchas veces y de muchas maneras en otro tiempo a los padres por los profetas, en estos postreros días nos ha hablado por el Hijo, a quien constituyó heredero de todo, y por quien asimismo hizo el universo; el cual, siendo el resplandor de su gloria, y la imagen misma de su sustancia, y quien sustenta todas las cosas con la palabra de su poder, habiendo efectuado la purificación de nuestros pecados por medio de sí mismo, se sentó a la diestra de

5. La cuarta cosa a tener clara

la Majestad en las alturas, hecho tanto superior a
los ángeles, cuanto heredó más excelente nombre que ellos.[14]

Una muy larga oración en el libro de Hebreos revela lo que sucedió cuando el telón subió. No obstante, aunque la oración sea larga, no debes perder de vista el mensaje.

Un ejercicio que siempre me desconcertó siendo estudiante fue la descomposición de oraciones. Nuestra profesora, la Sra. Sands, dibujaba una línea horizontal en la pizarra y nos desafiaba a analizar una oración y determinar el sujeto, el verbo y, si había alguno, el complemento. Descomponer esta oración de Hebreos hubiera tomado todo un día en la escuela.

Si no has olvidado cómo descomponer una oración, hagámoslo con este pasaje.

El sujeto es *Dios*. El verbo es *hablado*. Está bien, eso no estuvo muy difícil. Tu maestra de cuarto grado estaría orgullosa.

Para aquellos judíos sentados en el borde de sus asientos, la espera valió la pena. Por fin Dios había roto el silencio. Después de cuatrocientos años, él habló.

> *Dios rompió su silencio enviando a un último profeta, uno desgreñado y vocinglero, para anunciar que Jesús estaba en camino.*

¿Y qué dijo?

Dios dijo... «Jesús».

Si hubiese dependido de ti y de mí, la estrategia que Dios usó para romper el, al parecer interminable silencio, hubiera sido tal vez una ingeniosa campaña de mercadeo. Sin embargo, de una forma consistente con la metodología poco ortodoxa de Jesús para declararse el Mesías, Dios rompió su silencio enviando a un último profeta, uno desgreñado y vocinglero, para anunciar que Jesús estaba en camino.

Dios pudo haber garabateado la noticia sobre el Mesías al costado de un dirigible y hacerlo volar sobre Jerusalén —tenía toda la tecnología necesaria para hacerlo incluso en ese entonces— pero no lo hizo. Él envió a un profeta llamado Juan el Bautista. Y el mensaje tan esperado que Juan entregó no fue «¡Oigan, tengo grandes noticias! El Mesías está en camino y va a poner fin a su cautiverio y su persecución. Solo relájense que él les rescatará».

En lugar de eso, le dijo a todo el mundo, incluyendo a los más piadosos de sus oyentes, que se prepararan por medio del arrepentimiento. Esto no era exactamente lo que deseaban escuchar, en especial porque *ellos* habían sido las víctimas.

Aun así, Juan era implacable. Él les advirtió: «¡Camada de víboras! ¿Quién les dijo que podrán escapar del castigo que se acerca? Produzcan frutos que demuestren arrepentimiento. No piensen que podrán alegar: "Tenemos a Abraham por padre". Porque les digo que aun de estas piedras Dios es capaz de darle hijos a Abraham».[15]

¡Qué completa frustración para estos judíos! En lugar de un libertador que expulsara a sus captores, se enfrentaban a un hombre rudo, tan directo como lo habían sido los profetas previos.

Joel, el profeta del Antiguo Testamento, había dicho cuatrocientos años antes: «Rásguense el corazón y no las vestiduras. Vuélvanse al SEÑOR su Dios».[16]

Juan el Bautista entregó un mensaje que era severo y polémico. No tenía ninguna intención de ser diplomático. «[El Mesías] los bautizará con el Espíritu Santo y con fuego. Tiene el rastrillo en la mano y limpiará su era, recogiendo el trigo en su granero; la paja, en cambio, la quemará con fuego que nunca se apagará».[17]

Entonces llegó Jesús. Y una vez más, la campaña de relaciones públicas fue terrible. Un niño varón fue concebido en el vientre de una mujer joven y soltera, resultando comprensible que incluso los judíos más liberales de Nazaret levantaran las cejas. Nueve meses más tarde, el «hijo ilegítimo» nació en un establo, en las afueras de la pequeña aldea de Belén. Sin contar los

5. LA CUARTA COSA A TENER CLARA

animales, los únicos testigos de su nacimiento fueron su madre, su padre adoptivo, y un puñado de pastores y ángeles.

¿Por qué Dios no presentó a su Hijo de una forma más eficaz?

Volvamos a esa larga y poderosa oración en Hebreos en busca de la respuesta:

Dios, habiendo hablado muchas veces y de muchas maneras en otro tiempo a los padres …

Revisar el drama desde la primera escena nos sirve de ayuda. El primer «acto» fue la creación; el segundo fue el llamado de Dios a Abraham y la promesa del Antiguo Pacto de la nación judía. Ahora era tiempo para el tercer acto: el Mesías, el Nuevo Pacto, y la liberación del pueblo de Dios.

… *en estos postreros días* …

Cuando se escribió el libro de Hebreos, Jesús había ascendido al cielo. Y justo antes de desaparecer en las nubes ante sus atónitos discípulos, prometió que volvería de nuevo. El período comprendido entre su ascensión y su retorno prometido, los días que estamos viviendo en la actualidad, se conocen en el Nuevo Testamento como «los últimos días». Este es el cuarto acto del drama de Dios.

> *Si deseamos saber lo que Dios tiene que decir, podemos escucharle con facilidad. Sencillamente escuchamos a Jesús.*

… *nos ha hablado por el Hijo* …

Dios estaba hablando. De una manera que solo puede ser definida como un misterio, desde el momento del nacimiento de Jesús y durante los treinta y tres años que siguieron, Dios el Hijo se puso un traje humano de carne y hueso desde la cabeza hasta los pies.

Como residente del cielo por toda la eternidad pasada, el Hijo de Dios nunca había conocido el dolor, el hambre, la sed, el frío del invierno, el calor del verano, el agotamiento o la pobreza. En la tierra, él experimentaría todo esto en su naturaleza humana, empezando con su nacimiento en un pesebre.

Desde el momento en que dijo sus primeras palabras, cuando Jesús habló, su voz fue la voz de Dios. Dios dijo: «Jesús» y Jesús dijo: «El Padre y yo somos uno».[18] Si deseamos saber lo que Dios tiene que decir, podemos escucharle con facilidad. Sencillamente escuchamos a Jesús.

... a quien [Dios] constituyó heredero de todo ...

Jesús era el Hijo único de Dios, su Hijo unigénito (Juan 3:16). No hay nada que pertenezca a Dios que no le pertenezca también a su Hijo.

Cuando mi abuelo Wolgemuth —«papá Wolgemuth» para casi todo aquel que le conocía— murió, la familia dividió sus escasas pertenencias: sus libros, sus objetos de interés y las herramientas de su taller. Más tarde, su ropa fue entregada a la caridad, su auto se vendió, y el dinero se colocó en un fondo de inversiones junto a lo recaudado por la venta de su finca años atrás.

Todos los papeles y documentos importantes de su vida, incluyendo aquellos que otorgaban acceso completo a su fondo, fueron vaciados del escritorio de su estudio y colocados en una sola caja de cartón. Esa caja le fue entregada a mi papá. Como el único hijo y heredero, el contenido de esta caja era suyo por completo.

En sus manos, Jesucristo tiene todas las cosas... y son bastante más que un puñado de papeles, chequeras, objetos y otros trastos dentro de una caja de cartón.

El apóstol Pablo escribió: «Porque a Dios le agradó habitar en él [Jesús] con toda su plenitud».[19]

... y por quien asimismo hizo el universo ...

El niño Jesús es celebrado en Navidad. Con todo, no permitas que el infante restrinja tu celebración solo a la temporada navideña. El Hijo de Dios ha existido antes de toda la creación. En realidad, la creación fue obra suya: «Por medio de él todas las cosas fueron creadas; sin él, nada de lo creado llegó a existir».[20]

He aquí el pasaje bíblico más poderoso que revela la identidad de Jesús: «Él [Jesucristo] es la imagen del Dios invisible, el primogénito de toda creación, porque por medio de él fueron creadas todas las cosas en el cielo y en la tierra, visibles e invisibles, sean tronos, poderes, principados o autoridades: todo ha sido creado por medio de él y para él».²¹

La estrella que guió a los sabios hasta el Cristo recién nacido había sido diseñada y colocada en su lugar *por ese mismo bebé*. La verdad de su identidad y deidad es asombrosa.

... el cual, siendo el resplandor de su gloria [de Dios] ...

En el Antiguo Testamento, Dios se revela como un Dios celoso. Sí, él es compasivo y paciente, pero a pesar de su naturaleza llena de gracia hay algo que no está dispuesto a compartir: su perfección única y su gloria.

El segundo mandamiento entregado a Moisés en el monte Sinaí es muy claro al respecto: «No te hagas ningún ídolo, ni nada que guarde semejanza con lo que hay arriba en el cielo, ni con lo que hay abajo en la tierra, ni con lo que hay en las aguas debajo de la tierra. No te inclines delante de ellos ni los adores. Yo, el Señor tu Dios, soy un Dios celoso».²²

Como dice nuestra hija Julie: «Dios no es fanático de los ídolos ni de nada que trate de tomar su lugar».

Siendo una madre joven, ella conoce la importancia de cuidar sus afectos. Dios no está dispuesto a compartir su gloria con nada ni nadie que no sea su Hijo.

Una de las historias más memorables acerca de la gloria de Dios en la Biblia se encuentra registrada justo antes de que se escribiera el segundo grupo de tablas de piedra.²³ Moisés le pregunta de manera ingenua a Dios si puede darle una ojeada a su semblante.

«No puedes ver mi rostro y vivir», le dice Dios a Moisés. «Pero si te colocas entre dos grandes rocas, yo pasaré y podrás darle un vistazo a mi espalda».

Tan abrumadora era la más pequeña mirada a la gloria de Dios, que el efecto residual en Moisés lo dejó tan radiante como una luna llena en una noche despejada. La próxima vez que Aarón y los israelitas vieron a Moisés, «la piel de su rostro era resplandeciente; y tuvieron miedo de acercarse a él».²⁴

El autor que les escribe a los judíos en el libro de Hebreos anuncia que Dios no solo *comparte* su gloria con su Hijo Jesús, sino que él proclama con resolución que Jesús *es* la gloria de Dios, la parte más deslumbrante de lo más esplendoroso conocido por el hombre.

No podemos comprender esa gloria con nuestras mentes finitas, de la misma forma que se le dice a un niño que no mire fijamente al sol o se le quemarán los ojos.

... *y la imagen misma de su sustancia* ...

Aunque no hay forma de describir por completo cómo Dios y Jesús comparten la misma gloria, sí comprendemos la idea de una copia o una imagen duplicada. Durante algunos años trabajé en el cuarto oscuro de un fotógrafo comercial colocando los negativos en el carrete de vidrio de una impresora. La imagen negativa era proyectada sobre un papel fotográfico especial. El papel era luego tratado por medio de una secuencia de químicos, lo cual creaba una fotografía: una impresión. Para producir otra impresión, colocaba una nueva pieza de papel debajo de la imagen proyectada y la hacía pasar por los mismos productos químicos. Debido a que tales imágenes provenían justo de la misma fuente, las dos fotografías eran *exactamente* iguales.

Jesús es Dios, una semejanza exacta del original. Cuando has visto a uno, has visto al otro. Dado que en nuestra humanidad no somos capaces de ver a Dios, él envió un duplicado a la Tierra para que todos pudiéramos verlo.

... *quien sustenta todas las cosas con la palabra de su poder* ...

Cuando hablamos acerca de la soberanía de Dios, mencionamos a los deístas, aquellos que creen que Dios creó todas las cosas, se tomó luego el resto de la eternidad como descanso, y dejó a la creación funcionando sin él. Sin embargo, en contradicción con esta creencia de que Dios se fue de vacaciones, Jesús, la imagen exacta de Dios, está *sustentando* todas las cosas con la palabra de su poder. Esto está en tiempo presente. El anochecer de ayer por la tarde y el amanecer de esta mañana tuvieron lugar porque Jesucristo le ordenó a la Tierra que rotara, provocando

5. LA CUARTA COSA A TENER CLARA

que nuestro vecindario se alejara de la luz del sol y luego regresara a ella en el momento preciso. Si no lo hubiera hecho, nos hubiéramos congelado en la oscuridad o quemado en la luz.

... *habiendo efectuado la purificación de nuestros pecados por medio de sí mismo* ...

En el año 2004, el autor australiano Mel Gibson produjo la película *La pasión de Cristo*. La película relata las horas finales de la vida de Jesucristo antes de su crucifixión. Se puede decir que esta película desató una serie de controversias y malentendidos.

En la revista *The New Republic*, Leon Wieseltier dijo que el film era «una fantasía repulsiva y masoquista, una película morbosa con un aire sagrado».²⁵ Andy Rooney, el editorialista de *60 Minutos*, le llamó a Gibson «un verdadero chiflado».²⁶

De cierta forma, estos críticos están en lo correcto. La estrategia eterna de Dios en referencia a la muerte, la sepultura y la resurrección de Jesús *es* incomprensible. La misma ha sido controversial y malentendida desde que tuvo lugar. Se trata de algo vil y repulsivo: «Despreciado y rechazado por los hombres, varón de dolores, hecho para el sufrimiento. Todos evitaban mirarlo; fue despreciado, y no lo estimamos».²⁷

Gibson, al igual que el resto de los que creemos, podemos ser tomados por tontos.

Incluso el apóstol Pablo admitió: «Por lo que veo, a nosotros los apóstoles Dios nos ha hecho desfilar en el último lugar, como a los sentenciados a muerte. Hemos llegado a ser un espectáculo para todo el universo, tanto para los ángeles como para los hombres. ¡Por causa de Cristo, nosotros somos los ignorantes ... a nosotros se nos desprecia!».²⁸

Lo que Jesús soportó fue algo atroz. Y creer en él nos coloca junto a aquellos que han sido calumniados durante siglos. No obstante, la historia es cierta. Fíjate con cuidado en las palabras «habiendo efectuado la purificación de nuestros pecados *por medio de sí mismo*».²⁹

Esta es una de las cosas más importantes que escucharás con relación a la celebración llamada Pascua. Para satisfacer las demandas de un Dios santo, Jesús *se ofreció* a morir. Tal acto fue la única solución al misterio del amor de Dios por nosotros, así como a la pecaminosidad y la perdición de nuestros corazones que nos mantienen alejados de él.

Una vez que Jesús hubo culminado su dantesca y redentora tarea de cargar con nuestro pecado, su cuerpo muerto fue colocado en una cueva un viernes por la tarde. Sin embargo, el domingo por la mañana, el cuerpo de Jesús volvió a respirar. Una y otra vez. Y una vez más. Abrió sus ojos y lentamente se paró, retirando las vendas con que habían envuelto su cuerpo inerte.

Jesús se levantó y salió caminando vivo de la cueva.

... *se sentó a la diestra de la Majestad en las alturas* ...

El Hijo encarnado de Dios, Jesucristo, se presentó en la tierra como un ser humano común y corriente. No obstante, ahora está de regreso en el cielo, a donde pertenece. Ya no le rodean las colinas de Judea ni el mar de Galilea; ahora está rodeado de los atavíos de un salón real más majestuoso de lo que tú y yo podemos imaginar.

Y algún día, él regresará a la tierra, justo como lo prometió. Cuando lo haga, cubriremos nuestros rostros así como Pablo lo hizo en el camino a Damasco. El brillo de la gloria de Jesús resplandecerá con tanta luminosidad que sobrepasará toda comprensión.

Síganme

Simón y su hermano Andrés estaban pescando, realizando la labor que desempeñaban para ganarse la vida. Caminando por la orilla, Jesús los llamó: «Síganme». Mateo estaba pensando en sus asuntos relacionados con la recolección de impuestos. Mientras pasaba, Jesús le dijo: «Sígueme».

Para cada uno de los doce discípulos que dejaron sus vidas atrás y le siguieron, el llamado de Jesús fue simple y directo.

La invitación es la misma para ti y para mí. Jesús, el Hijo de Dios, nos llama a seguirle. Nosotros le seguimos porque vale la pena hacerlo, porque es bueno que él esté a cargo. Que tenga el control total.

5. LA CUARTA COSA A TENER CLARA

«EN CASO DE EMERGENCIA»

Hay cuatro palabras que escuchas cada vez que viajas en un aeroplano: en caso de emergencia. Solo aquellos pasajeros que nunca han volado antes o no tienen nada que leer se mantienen prestando atención.

No obstante, si nuestro avión estuviera en realidad dirigiéndose en una espiral hacia abajo y a punto de estrellarse contra el océano, con seguridad *escucharíamos* las instrucciones sobre nuestros salvavidas y las balsas inflables ubicadas en algún lugar, ¿no es así?

Es interesante ver el canal del tiempo. Por supuesto, siento curiosidad acerca de las condiciones climáticas para mi juego de golf el jueves y cuán frío va a estar en Chicago o Charlotte, donde viven los miembros de mi familia.

Sin embargo, cuando un huracán está golpeando el lugar preciso donde vivo en la Florida, escucho lo que los expertos tienen que decir con tanta atención como si mi vida dependiera de ello, porque así es.

Cuando Jesús invitó a doce hombres ordinarios a seguirle, la vida para ellos era sencilla y tranquila. ¿Es tal cosa igual de cierta para ti?

¿Pero qué sucede el día en que las ruedas se salen del camino, cuando el infierno se desata?

Debido a que estamos perdidos y necesitamos dirección, Jesús nos dice: «Síganme».

Ahora.

«Vengan a mí», dice el Salvador, «todos ustedes que están cansados y agobiados, y yo les daré descanso».[30]

PONIENDO LAS COSAS EN CLARO

Mi sobrino Erik y yo estábamos sentados en Jacobs Field, justo detrás de la banca de los Indians de Cleveland. Durante la cuarta entrada, mi localizador comenzó a sonar. El agudo sonido era por completo audible a pesar de que estábamos en medio de un campo de juego muy ruidoso.

Miré para ver quién estaba llamando. En la pantalla se leía: «223-47».

—¿Doscientos veintitrés cuarenta y siete? —dije en voz alta— ¿Qué es eso?

Erik me miró, sus brillantes ojos azules se abrieron ampliamente con deleite.

—Mi papá —me dijo— Es mi papá.

—¿Qué? —pregunté.

—Sí, es mi papá y me está diciendo que me ama.

Entonces, en medio del clamor de un juego de las ligas mayores de béisbol, él se explicó.

—Mi papá inventó este código —dijo— el cual hace coincidir las palabras con los números. Hay dos letras en *yo*, dos letras en *te* y tres letras en *amo*: 2-2-3.

—¿Y el cuarenta y siete? —le pregunté, conmovido por completo por el entusiasmo de Erik.

—Esa es la edad de mi papá —rió—. Él tiene cuarenta y siete, así que por eso sé que el mensaje es de él.

> *Dios habló. Él dijo «Te amo» en una forma que no dejaba dudas.*

Dios también envió un mensaje, un código, que nosotros pudiéramos entender. Él sabía que si se revestía de piel y visitaba la tierra en forma humana, estaría hablando por medio de un código que tú yo entenderíamos con claridad.

Dios habló. Él dijo «Te amo» en una forma que no dejaba dudas.

Dios dijo: «Jesús».

6

La quinta cosa a tener clara
La gracia y la fe son regalos

Aunque han pasado décadas, todavía recordamos con deleite... «las bicicletas de Navidad».

En 1982, nuestra familia vivía en Waco, Texas. Missy tenía once años y Julie ocho. Hasta esa fecha, las bicicletas de las niñas habían sido heredadas de los amigos o conseguidas a un precio de ganga en la venta de garaje de algún vecindario: una transportación básica y sin pretensiones. Aunque algunas de sus amigas tenían bicicletas más atractivas, nuestras niñas no se quejaban. Hasta donde yo recuerde, unas bicicletas nuevas no era algo que tuvieran en mente.

Mientras la Navidad se acercaba, Bobbie y yo hablamos acerca de invertir algún dinero en unas bicicletas nuevas para las niñas. Habíamos hecho una visita secreta a un local de artículos deportivos camino a casa al regresar de una cena y habíamos elegido con indecisión las bicicletas que pensábamos que en realidad les gustarían. Recuerdo haber imaginado cuán divertido sería sorprenderlas por completo la mañana de Navidad.

Llevé algunas cobijas hasta la tienda de bicicletas, de tal manera que pudiéramos empacar estos brillantes tesoros en la cajuela de nuestro auto sin que sufrieran ningún rasguño. Compramos las bicicletas *y* unos candados que combinaban. Luego llamamos a nuestros vecinos, Stan y Linda, para ver si nos permitían guardarlas ahí por un par de semanas en una esquina de su garaje, cubiertas por una vieja sábana.

El tiempo pasaba y el gran día se acercaba. Para mí era difícil pensar en cualquier otra cosa. Incluso les pedí a nuestros vecinos que me permitieran darles una mirada a las bicicletas. Ellos comprendieron. Quise hacerlo dos veces, pero no tuve el coraje.

Durante esos días, cuando sacaba el carro de nuestro garaje y veía las bicicletas viejas de las niñas, sonreía, sabiendo que sus días estaban contados. Finalmente, la mañana de Navidad llegó. Había sacado el botín de la casa de Stan y Linda la noche anterior y había escondido las bicicletas en nuestro cuarto de huéspedes. Bobbie y yo habíamos decidido que envolveríamos los candados de las bicicletas y los dejaríamos para dárselos como último regalo. Entonces, mientras abrían los candados, me deslizaría hasta nuestra habitación de huéspedes y llevaría las bicicletas hasta la sala.

Cuando llegó el momento, la ejecución de nuestro plan funcionó como un reloj. La ceremonia de apertura de regalos había terminado, excepto por los dos últimos presentes. Así que les dimos a las niñas los candados de las bicicletas envueltos y yo me escurrí. Cuando ellas miraron hacia arriba, ahí estaba yo parado con dos bicicletas nuevas. Por supuesto, gritaban con deleite. Saltaban de arriba hacia abajo.

Me arrodillé, con lágrimas corriendo por *mi* rostro, las abracé a ambas, ellas cruzaron la habitación brincando hacia mis brazos. Luego corrieron a abrazar y agradecerle a su madre.

No hay nada tan emocionante como dar algo muy especial a alguien que en realidad amas. Tal vez tú tengas guardado un recuerdo tan mágico como este.

Los dos regalos de Dios

Dios tiene dos increíbles regalos esperando para ti y para mí. No hay necesidad de esconderlos por seguridad en el garaje del vecino, pues no hay ninguna posibilidad de que se estropee la sorpresa.

6. La quinta cosa a tener clara

El primer regalo. La historia de la visita de Dios a la tierra en la persona de Jesucristo es uno de estos asombrosos regalos. Enviarse a *sí mismo* como la única manera de satisfacer su ira por el pecado constituye la más grande historia jamás contada. Es probable que hayas escuchado esta verdad como su «regalo de la gracia».

El apóstol Pablo escribió en referencia a Jesús: «¡Gracias a Dios por su don inefable!».[1]

Hablaremos con más detalle sobre este regalo de la gracia más tarde, pero es preciso decir que no existe nada que hayamos hecho o podamos hacer para ganarnos el regalo de la gracia de Dios. Se nos ha dado el regalo de Jesús simplemente porque él nos ama. Aunque nuestras vidas parezcan estar corroídas y quebrantadas y deseemos que fuesen mejores, es solo a través de la gracia y la misericordia de Dios que unas vidas nuevas y flamantes pueden ser posibles.

De nuevo el apóstol Pablo no deja dudas con respecto a cómo este regalo es posible. «Pero cuando se manifestaron la bondad y el amor de Dios nuestro Salvador, él nos salvó, no por nuestras propias obras de justicia sino por su misericordia».[2]

La verdad es que el amor de los padres es solo una sombra del amor de Dios, pero su gracia se parece a las bicicletas de Navidad. Nuestras niñas no hicieron nada para merecer esos regalos. Ellas nunca supieron que las bicicletas nuevas les estaban esperando en la casa de Stan y Linda. Bobbie y yo sencillamente decidimos darles las bicicletas. Todo lo que las niñas tuvieron que hacer la mañana de Navidad fue tomar lo que había sido provisto para ellas.

Lo mismo sucede con la gracia de Dios. Él nos la da y nosotros la recibimos. Así de sencillo.

Sin embargo, hay algo que debemos saber con respecto a recibir este inmerecido regalo de la gracia. Es algo que te puede sorprender por completo, pero es verdad, tan cierto como la realidad de la gracia y la misericordia de Dios. Se trata de otro regalo.

> *Tú y yo no tenemos la capacidad, el entendimiento, para recibir la gracia de Dios.*

Tú y yo *no* tenemos la capacidad, el entendimiento, para recibir la gracia de Dios. En lo que a nosotros respecta, no tenemos la suficiente comprensión para imaginarnos que estamos eternamente perdidos y necesitamos con desesperación ser encontrados. Así que necesitamos un segundo regalo para completar la transacción.

El segundo regalo. La fe para creer es el segundo regalo. Cuando el infierno se desate, podríamos saber dónde está el hospital (gracia), pero necesitamos la fuerza para llegar allá (fe). Cuando la luz se va, sabemos que tenemos suficientes linternas y baterías (gracia), pero necesitamos el conocimiento para localizarlas (fe para creer).

Mi madre me ayudó a memorizar uno de mis primeros versículos bíblicos y a decirlo con tanta claridad como un niño pequeño podría hacerlo. Con todo, no había manera de que pudiera captar todo el poder que el mismo encerraba: «Porque por gracia ustedes han sido salvados mediante la fe; *esto no procede de ustedes*, sino que es el regalo de Dios, no por obras, para que nadie se jacte».[3]

Una vez que entendemos quién es Jesús y lo que hizo, es sencillo ver que la gracia de Dios no es una cosa que podamos haber logrado por nuestra propia cuenta. Es esta gracia la que satisface la perfecta ira de Dios por el pecado… y nos rescata de nuestra perdición. Es un regalo.

No obstante, creer y recibir es algo que no podemos hacer. No podemos creer ni recibir la gracia de Dios sin fe. Así que la fe es el segundo regalo que Dios provee.

Fíjate en los versículos una vez más. Dios libremente nos da su gracia. Dios nos rescata. Y nosotros recibimos su gracia por medio de la fe, pero también la fe es un regalo de Dios para nosotros. *Debemos* recibir ambas cosas.

En el capítulo más conmovedor de la Biblia acerca de las personas de fe, conocido a veces como el Gran Salón de la Fe, aparece este versículo: «En realidad, sin fe es imposible agradar a Dios, ya que cualquiera que se acerca a Dios tiene que creer que él existe y que recompensa a quienes lo buscan».[4]

Así que este es el rompecabezas. La fe es un requisito… pero solo se obtiene como un regalo de Dios.

Detente un momento y lee esa oración de nuevo: *La fe es un requisito… pero solo se obtiene como un regalo de Dios.*

¿Cómo algo que no es opcional puede ser *imposible* de lograr? Únicamente cuando aquello que es inaccesible nos es dado como un regalo.

Dos hombres con los ojos bien abiertos

Era un domingo por la tarde. El día de la resurrección.

Temprano ese día, Jesús había sorprendido a María Magdalena, Salomé y María, la madre de Jacobo. Las mujeres habían ido para ungir el cuerpo inerte de Jesús con especias, pero un ángel resplandeciente se les apareció justo fuera de la tumba, diciéndoles que Jesús estaba vivo. Cuando ellas salieron corriendo para contarles a los discípulos las noticias, alguien se les apareció en su camino.

«Saludos», dijo el hombre.

Era Jesús.

Vivo.

Las mujeres estaban impactadas. Miraron su rostro y vieron que en realidad se trataba de él.

«¿Jesús?», dijeron. Estaban tan impresionadas que cayeron al suelo. «No tengan miedo —les dijo Jesús—. Vayan a decirles a mis hermanos que se dirijan a Galilea, y allí me verán».[5]

No obstante, cuando las mujeres les dieron la noticia a Pedro y a Juan, los ansiosos hombres no podían esperar a llegar a Galilea. Corrieron con todas sus fuerzas hasta el sepulcro vacío para comprobarlo por sí mismos.

La noticia de que Jesús estaba vivo se corrió con rapidez. Con todo, hubo algunos que no se enteraron.

Esa misma tarde, dos hombres se encontraban caminando por el sendero, haciendo el recorrido de siete millas desde Jerusalén hasta Emaús. A pesar de haber sido seguidores de Jesús, por alguna razón no habían escuchado la noticia de su resurrección. Como a menudo hacen los amigos, estos hombres estaban compartiendo su tristeza. Iban hablando de los trágicos sucesos de los días pasados. Sus acongojados rostros revelaban su desconsuelo.

De repente, otro hombre los alcanzó y se unió a ellos en el camino. Les preguntó de qué habían estado hablando y por qué se veían tan apesadumbrados.

Sorprendidos de que alguien en la localidad *no* hubiera escuchado las noticias del juicio, el azotamiento y la crucifixión del hombre llamado Jesús, los dos amigos recordaron lo que había sucedido. Le narraron cada detalle a su nuevo compañero de camino. Se trataba de Jesús, pero ellos no lo habían reconocido.

Mientras tú y yo leemos esta historia, se nos plantea una pregunta obvia: Si estos hombres *en realidad* habían conocido a Jesús, le habían escuchado hablar y habían visto sus milagros, ¿por qué no le reconocieron esa tarde?

La respuesta directa se encuentra al inicio de la historia: «No lo reconocieron, pues sus ojos *estaban velados*».[6]

¿Entiendes? Ellos *estaban imposibilitados* para ver quién era. No se trataba de que no hubieran estado prestando atención a cómo se veía Jesús mientras estaban con él. Por supuesto, ellos sabían cómo se veía Jesús. No se trataba de que no estuvieran intentando descubrir quién era este extraño. Es evidente que debieron haberle visto cuando se les unió en su caminata hacia Emaús.

Estos dos hombres no reconocieron al Maestro porque algo estaba nublando su vista. Tal vez de la misma forma que un productor oscurece el rostro de alguien electrónicamente en la pantalla del televisor para proteger la identidad de la persona. Cuando Cleofas y su compañero miraron a Jesús, alguna cosa nubló

6. La quinta cosa a tener clara

su visión. Siendo algo que escapaba a su control, a estos hombres no se les permitió reconocer a Jesús.

Cuando al fin llegaron a su destino, los viajeros invitaron al extraño a unírseles para cenar y pasar la noche. Jesús estuvo de acuerdo.

Mientras se encontraban reclinados sobre la mesa, Jesús tomó el pan, dio las gracias, partió un pedazo y se los extendió a estos hombres.

«Entonces *se les abrieron los ojos* y lo reconocieron, pero él desapareció».[7] De la misma manera en que los ojos de estos hombres, no por su propia decisión, habían sido velados, *ahora* fueron abiertos, pero no por su propio poder. Alguien les había provisto la capacidad para ver.

La habilidad de reconocer a Jesús por quién es, creer que él pagó el máximo precio por nuestros pecados y recibir su asombrosa gracia es un regalo gratuito. No es algo que tú y yo somos capaces de ver por nuestra propia cuenta. No es una cosa que podemos ganar. Nuestra inteligencia, nuestra experiencia e incluso nuestro deseo de ver no lo logran. Únicamente nuestra disposición a recibir el regalo de la fe de Dios abre nuestros ojos y corazones para recibir el regalo de su gracia.

Busca y encontrarás.

¡Ayúdame, por favor!

Otra historia que destaca a la fe como un regalo es el relato bíblico del desesperado padre de un muchacho enfermo en el capítulo 9 del libro de Marcos. Desde temprana edad, el niño fue víctima de violentos y repetidos ataques. Convencido de que estas incontrolables convulsiones eran resultado de un espíritu maligno, el padre trajo al chico ante el Maestro en busca de sanidad.

«Si puedes hacer algo», le imploró el padre a Jesús, «ten misericordia de nosotros y ayúdanos».

«*Si* puedes creer», dijo Jesús, repitiendo las palabras del Padre, «al que cree todo le es posible».

«¡Sí creo!», exclamó de inmediato el padre del muchacho. Luego, revelando la duda oculta en su corazón, añadió: «¡Ayúdame en mi poca fe!».[8]

El suplicante padre trajo al joven ante Jesús porque sabía que él *podía* sanar a su hijo, pero necesitaba ayuda para creer que Jesús lo *haría*. Es por eso que el padre le pide al Salvador que le dé el regalo de la fe.

«Yo no soy lo suficiente fuerte. Por mí mismo no soy capaz de creer que sanarás a mi hijo», estaba diciendo. «Tengo poca fe. Pero necesito más. Por favor, ayúdame a creer».

Una rápida mirada hacia atrás

En los capítulos anteriores hemos visto cuatro puntos esenciales, cuatro cosas que es mejor tener claras. Hablamos del importante hecho de que *Dios es Dios*, examinando la maravilla de la creación, su carácter y actividad, así como su misericordia. Examinamos la Biblia e identificamos que es la *Palabra de Dios*. Discutimos nuestra *condición de perdidos* y el hecho de que *Jesús vivió, murió y resucitó para salvar a la gente perdida como nosotros*.

«¿Pero qué tal si no puedo creer en nada de esto?», tal vez te preguntarás. «Me suena a pura ficción… todo ello».

No estás solo. Ese es exactamente el punto de partida para todo creyente. Nadie tiene la habilidad de creer absolutamente nada de esto. Solo después de recibir el regalo llamado fe, somos *capaces* de creer.

«Querido Dios», pedimos. «Concédeme el don de la fe. Si todo esto es cierto, por favor hazlo claro para que yo lo entienda. Deseo creer. Dame el regalo de la fe para que *pueda* creer».

¿Qué sucede entonces?

Cuando Dios nos otorga el regalo de la fe, la habilidad de creer, algo sucede que resulta maravilloso y atemorizante a la vez. Así como los hombres que compartían la cena en Emaús,

6. La quinta cosa a tener clara

cuando nuestros ojos son abiertos, podemos ver quién es Jesús… y también podemos vernos a nosotros mismos. Vemos su bondad, pero además tomamos conciencia de una manera dolorosa de nuestras fallas y nuestra perdición.

> *Vemos su bondad, pero además tomamos conciencia de una manera dolorosa de nuestras fallas y nuestra perdición.*

Por lo tanto, esta es una consecuencia natural: cuando recibimos el regalo de la fe, cuando nuestros ojos son abiertos y podemos ver dentro de nuestros propios corazones, el arrepentimiento está a la vuelta de la esquina.

Entre los muchos ejemplos bíblicos de remordimiento y arrepentimiento, tal vez el más conocido es la historia del bribón que se enfrentó a su padre, solicitando su herencia. «Desearía que estuvieras muerto», bien pudo haber dicho el descarado joven. «Quiero mi dinero ahora».

El padre accedió y le dio a su hijo la porción de los bienes que le correspondían. Con sus maletas empacadas, el muchacho se dirigió a un país distante. Y como cualquier persona con más efectivo que sentido común, en ese lugar malgastó todo el dinero.

Mientras tanto, sucedieron dos cosas muy malas. El alocado joven ya no tuvo más dinero del cual echar mano y una hambruna se desató en esa tierra. No solo desapareció su fortuna, sino también el mercado laboral, su única esperanza para una recuperación financiera. Lo mejor que podía hacer era obtener un trabajo en el campo, alimentando a los cerdos. Recuerda, este joven tenía en algún lugar un padre amoroso, adinerado y generoso. Sin embargo, por su *propia* decisión, se encontraba lejos de casa y dándoles de comer a los cerdos. Esta historia es uno de los más elocuentes retratos de la perdición.

Entonces, algo determinante sucedió. Los ojos del joven *fueron abiertos*. Recibir este regalo de la fe fue seguro la respuesta a las fervientes oraciones de su papá. «Soberano Señor», debe haber implorado el padre, «ayuda a mi hijo a ver. Por favor, dale fe para creer que le amo y quiero que regrese».

Y de este modo el anhelo del padre fue satisfecho de forma milagrosa. El relato de la Biblia dice lo siguiente: «Por fin recapacitó [el joven] y se dijo: "¡Cuántos jornaleros de mi padre tienen comida de sobra, y yo aquí me muero de hambre! Tengo que volver a mi padre y decirle: Papá, he pecado contra el cielo y contra ti. Ya no merezco que se me llame tu hijo; trátame como si fuera uno de tus jornaleros." Así que emprendió el viaje y se fue a su padre. Todavía estaba lejos cuando su padre lo vio y se compadeció de él; salió corriendo a su encuentro, lo abrazó y lo besó».[9]

Eso es lo que en realidad sucedió con este fugitivo: *El pródigo se vio a sí mismo en la forma en que Dios (y todos los demás) lo veían.*

Una de las serias realidades sobre el matrimonio y la paternidad es la forma en que despliegan una luz reveladora sobre quiénes somos en realidad. Cuando nuestras hijas eran pequeñas, yo las corregía sin mucha ternura. Entonces Bobbie me llevaba a un lado. Su misión era decirme lo que acababa de ver. Es probable que ella no tuviera ningún problema con lo *que* había hecho al disciplinar a nuestras hijas, sino con *cómo* lo había hecho.

«Tenías razón para llamarles la atención a las niñas por su comportamiento», me decía, «pero debiste haber visto tu rostro falto de perdón y haber escuchado tu tono de voz condescendiente».

Poniéndome a la defensiva, en ocasiones acusaba a mi esposa de malcriar a las niñas y querer buscar pelea. No estaba dispuesto a admitir la verdad de que estaba alejando a mis hijas de mí. El ser muy duro para juzgar, mi terca negativa a abrir los ojos y verme en el espejo, era la causa.

Las conversaciones en privado luego de la cena con mi esposa Bobbie podían resultar de esta manera:

Bobbie: Cuando corregiste a las niñas por su comportamiento en la mesa, tenías el ceño fruncido de tal manera que te veías cruel.

Yo: ¿Qué quieres decir con «ceño»?

6. LA QUINTA COSA A TENER CLARA

Bobbie: Tú sabes de lo que estoy hablando. Reprender a las niñas por la forma en la que estaban actuando en la mesa estaba bien. Pero encima de eso hacer esa mueca fue algo innecesario.

Yo: Ahora hemos pasado de *ceño a mueca*. ¿De qué se trata?

Bobbie: ¿Por qué haces eso?

Yo: ¿Hacer qué?

Si has estado en una situación similar, sabes cuán difícil y doloroso es apropiarse de la verdad. Vernos como nos ven los demás.

Cualquiera que estuviera mirando al hijo pródigo durante su alocada odisea, habría visto su descuidada «vida ostentosa» convertirse en una pila de basura.

Entonces un día, a través de sus ojos recién abiertos, el joven pudo contemplar su situación tal como era. Él habló la verdad. «¡Cuántos jornaleros de mi padre tienen comida de sobra, y yo aquí me muero de hambre!»,[10] se dijo.

No hay nada profundo en estas palabras. Son un hecho concreto y simple. Hasta ese momento, él no se veía a sí mismo como Dios y los otros le veían. Sus ojos necesitaban ser abiertos.

El hijo pródigo estuvo de acuerdo con Dios en que estaba en problemas.

Es interesante cómo la expresión «mayoría de edad» parece ser todo lo que se necesita para convertir un comportamiento peligrosamente destructivo en algo aceptable. «Mientras nadie salga herido» es una frase que se encuentra dentro de la misma categoría.

El hijo que se encontraba alimentando a los cerdos no eligió tener una mentalidad de «soy una víctima y no puedo ayudarme a mí mismo». Él no hizo nada de eso. El discurso que practicaba para decirle a su padre era honesto y preciso: «He pecado contra el cielo y contra ti».

Cuando nuestros ojos son abiertos y nos vemos desde la perspectiva de Dios, admitimos que aunque haya otra persona mayor de edad involucrada, nuestro pecado es contra el Dios Santo en el cielo.

Mil años antes de que la historia del hijo pródigo fuera contada, el rey David resumió sus pecados de adulterio y asesinato con estas palabras: «Yo reconozco mis transgresiones; siempre tengo presente mi pecado. Contra ti he pecado, sólo contra ti, y he hecho lo que es malo ante tus ojos».[11]

Así como el joven que escapó de casa con su herencia apilada en el bolsillo trasero, David también vio su propia iniquidad y recuperó el sentido común. Sus ojos fueron abiertos y fue capaz de dar un paso hacia atrás y apreciar su propia situación: «Yo reconozco mis transgresiones; siempre tengo presente mi pecado». David se vio a sí mismo a través de los ojos de Dios: «Contra ti he pecado, sólo contra ti».

No importa lo que aquellos que ya son mayores de edad digan. Con el regalo de la fe, tú y yo vemos la película *completa*. Cuando nos vemos desde la perspectiva de Dios, su opinión se convierte en el estándar que importa.

El hijo pródigo tomó una decisión.

El reverendo Colin Smith lo dice de la siguiente manera: «El arrepentimiento siempre comienza con una decisión».[12]

Esto no tiene nada que ver con lo emocional. Ciertamente las emociones desempeñan un rol cuando la verdad surge. Sin embargo, esta decisión proviene de la voluntad de una persona. Cuando asumimos nuestra condición de perdidos, decidimos en un momento específico hacer algo al respecto. Tomamos la *decisión* de dar la vuelta y dirigirnos por un camino diferente. A esto se le llama *arrepentimiento*.

Hace no mucho tiempo, conocí a un joven esposo y padre que había recuperado el sentido común. Durante los doce meses anteriores, había estado frecuentando sitios pornográficos en la Internet. Lo que en una ocasión fueran visitas ocasionales y casuales, se habían convertido en una incontrolable obsesión. Un día, al enfrentar el reclamo directo de su esposa, el hombre se dio cuenta de lo que estaba haciendo.

6. La quinta cosa a tener clara

Esto me está matando, concluyó, haciendo un análisis sincero de sí mismo. *Y está matando a mi familia.*

Así que tomó la decisión de parar. El arrepentimiento siempre comienza con una decisión.

Al igual que le sucedió al hijo pródigo, sus ojos fueron abiertos. Él se vio a sí mismo y sus actividades como Dios las veía. Se sentía asqueado de su propio pecado. Se arrepintió de su vil obsesión ante Dios y su esposa. También llamó a otras personas de su círculo inmediato de amigos y familiares para confesarles su pecado. Como si se hubiese visto en un espejo, al final recuperó la cordura, y hacer algo al respecto fue una dolorosa experiencia. No obstante, debido a que vio lo terrible de su comportamiento, estaba determinado a cambiar.

Él le pidió a un puñado de sus amigos más cercanos que le ayudaran a mantenerse firme en su resolución. Incluso cambió su contraseña en la Internet por la palabra «J-E-S-Ú-S». No había forma de escapar a quien le había hecho recuperar la cordura y le había dado el poder para cambiar.

Cuando el infierno se desató en su vida, este hombre de familia tomó una decisión.

En la actualidad, dicho joven aconseja a otros en su ciudad que necesitan que sus ojos sean abiertos a la verdad. Él ora con ellos y por ellos para que nuestro amoroso Padre Celestial abra sus ojos.

El hijo pródigo se humilló a sí mismo.

El discurso del hijo pródigo a su padre incluye una declaración de arrepentimiento y humildad: «Ya no merezco que se me llame tu hijo».

Algunos podrían acusar al joven de querer congraciarse, de memorizar un pequeño guión para obtener lo que deseaba. Así como Eddie Haskell en los clásicos episodios de televisión *Leave It to Beaver* [Déjaselo a Beaver], el hijo pródigo podría estar sencillamente tratando de granjearse la simpatía de Ward y June Cleaver. Tal vez.

Sin embargo, recuerda que el caprichoso hijo se estaba preparando para hablar con su padre, el mismo padre a quien en esencia le había dicho: «Desearía que estuvieras muerto». Esta era una situación en la que tanto el padre como el hijo sabían exactamente lo que había sucedido. «Ya no merezco que se me llame tu hijo» con seguridad suena como una expresión genuina de humildad y contrición.

El hijo pródigo se confesó.

¿Qué puede llegar a competir con el increíble poder de las palabras? Ilustrando el efecto de lo que sale de nuestras bocas con una metáfora, el apóstol Santiago dice: «Cuando ponemos freno en la boca de los caballos para que nos obedezcan, podemos controlar todo el animal. Fíjense también en los barcos. A pesar de ser tan grandes y de ser impulsados por fuertes vientos, se gobiernan por un pequeño timón a voluntad del piloto. Así también la lengua es un miembro muy pequeño del cuerpo, pero hace alarde de grandes hazañas».[13]

Tú y yo podríamos arruinar la admirable reputación que hemos construido durante toda una vida en cuestión de segundos. Con unas pocas palabras, podríamos acabar para siempre con una invaluable relación o destruir nuestras carreras. No parece justo, ¿verdad? Con todo, sabemos que esto es cierto.

El remordimiento puede ser expresado por medio de un encogimiento de hombros, una torcedura de ojos o una expresión facial determinada. Podemos excusarnos diciendo como si se tratara de un gruñido: «Ah, oye... lo siento». Sin embargo, el verdadero arrepentimiento, expresado con palabras específicas y tonos mesurados, es mucho más creíble... y aceptable.

El apóstol Pablo habla sobre la importancia de *decir* palabras de arrepentimiento. «Si confiesas *con tu boca* que Jesús es el Señor, y crees en tu corazón que Dios lo levantó de entre los muertos, serás salvo. Porque con el corazón se cree para ser justificado, pero *con la boca* se confiesa para ser salvo».[14] El hijo pródigo no volvió a su hogar encogiéndose de hombros o gruñendo. Él admitió la verdad con palabras específicas ante su padre.

6. La quinta cosa a tener clara

¿A dónde nos lleva esto?

En este capítulo hemos hablado del doble regalo de Dios. Su regalo de la gracia y su regalo de la fe que nos capacita para creer. Hemos subrayado que esta clase de fe nos da nuevos ojos para ver a Dios y también para vernos a nosotros mismos de la forma en que en realidad somos. Este aventajado, mejorado y claro punto de visión nos conduce al arrepentimiento, el cual siempre comienza con una decisión. Y hemos visto algunos ejemplos de cómo se ve la decisión de arrepentirse.

Es probable que en este punto te preguntes: «¿Qué diferencia originan estas palabras de arrepentimiento? ¿Cómo reaccionará Dios ante mi confesión? ¿Qué dirá cuando diga estas palabras? ¿Qué le sucederá a mi corazón?».

El Dr. Ravi Zacharias nos cuenta una historia de la dulzura del arrepentimiento. Cuando él era niño y vivía en su natal India, le gustaban dos cosas: jugar cricket con sus amigos y comer, en especial dulces. ¡Cualquier tiempo disponible se lo pasaba jugando y cualquier dinero disponible lo empleaba en comida, en especial dulces! Niños.

Ravi cuenta la historia de cómo compraba helado en el carrito de un vendedor ambulante en plena calle. El carrito estaba ubicado en la parte delantera de una bicicleta, la cual era tripulada por un voluminoso y feliz sij.

El joven Ravi seleccionó el helado que deseaba y le pagó al hombre con un billete de cinco rupias. Al recibir su cambio, Ravi miró su mano y se dio cuenta de que el vendedor había cometido un error. El dinero que le había dado correspondía al cambio de diez rupias, no de cinco.

Acabo de ganarme cinco rupias, pensó Ravi para sus adentros y se dispuso a gozar de esta equivocación.

Sin embargo, el helado no estaba tan dulce como él esperaba. Su buena fortuna se debía más a un amargo latrocinio que a la suerte.

«Cada vez que veía al hombre de los helados en las semanas que siguieron», escribe Ravi en sus memorias, «sufría una lucha interna». *Le robé a ese hombre*, se decía.[15]

Por mucho que intentó superar el incidente, Ravi no podía dejar de pensar en que lo que había hecho estaba mal. Así que, con determinación infantil, tomó una decisión.

«Ahorré cada moneda que pude, por aquí y por allá, durante algunos meses», dice Ravi, «y regresé a donde estaba ese hombre. Con mucho respeto le dije: "Señor, tengo que pedirle que me perdone por algo. Cometí una gran equivocación. Hace algún tiempo, usted me dio más cambio por un helado del que debió haberme dado"».

Un tiempo de espera y silencio siguió a esta declaración. ¿El hombre lo golpearía o reprendería? La tranquilidad que reinaba aumentó aun más la vergüenza del niño.

«Deseo darle más de lo que usted me devolvió porque», tartamudeó Ravi, «he tenido su dinero todo este tiempo».

Ravi escribe: «Cuando levanté mis ojos, vi que este hombre no sabía qué hacer. Estaba profundamente emocionado y casi en estado de conmoción. Tomó el dinero que yo le extendía. Es probable que me haya ofrecido un helado gratis como recompensa, no lo recuerdo. Todo lo que sé es que al volver a casa una enorme carga se había retirado de mis hombros».[16]

Conocemos este sentimiento, ¿verdad? Su dulzura es indescriptible. Sabemos que hemos hecho lo correcto a pesar de nuestro deseo de esconder la verdad y guardarnos el dinero «robado» para nosotros.

¿Pero qué hace un Dios Santo ante nuestro arrepentimiento? ¿Acaso se queda en silencio como lo hizo el vendedor de helados? ¿Reacciona de alguna forma? ¿No tiene quizás el derecho de hacernos trizas o por lo menos avergonzarnos?

Afortunadamente, no tenemos que especular. Al narrar la historia del hijo pródigo, Jesús arroja una luz en cuanto a la actitud de Dios hacia nosotros. Como una imagen de la respuesta de Dios ante nuestro arrepentimiento, Jesús nos cuenta sobre el padre de este muchacho alocado.

6. La quinta cosa a tener clara

Dios se apresura a darnos la bienvenida cuando volvemos

Hay muchas y muy coloridas imágenes en la Biblia: la creación del mundo, surgido de la nada y por el solo sonido de la voz de Dios; Noé y su familia salvados de las oleadas del diluvio en un bote hecho en casa, repleto de pared a pared de animales malolientes; la división del Mar Rojo, cuyos lados permanecieron atentos a que los israelitas pudieran pasar entre ellos y escapar del ejército egipcio que los perseguía; las impenetrables murallas de Jericó, que se vinieron abajo como una pila de escombros; y el altar de Elías, consumido por el fuego proveniente del cielo.

Sin embargo, el drama conmovedor del padre corriendo camino abajo para darle la bienvenida a su hijo que regresa no tiene rival.

Alguien ha dicho que hay muy pocas ocasiones en las Escrituras en las cuales Dios tiene apuro. No obstante, este es un ejemplo. Dios está apurado por *perdonar*. Él está ansioso por darle la bienvenida al hogar al hijo arrepentido.

El abrazo de Dios... sintiendo y sabiendo que hemos sido perdonados.

Una cuidadosa mirada a esta escena de reconciliación es bastante reveladora. «Todavía estaba lejos cuando su padre lo vio y se compadeció de él; salió corriendo a su encuentro, lo abrazó y lo besó».[17]

¿Quién fue la persona que abrazó? ¿Quién fue la persona que besó? Fíjate una vez más; ¿quién tomó la iniciativa?

> Sin embargo, el drama conmovedor del padre corriendo camino abajo para darle la bienvenida a su hijo que regresa no tiene rival.

¿Puedes imaginarte al arrepentido muchacho, con su ropa hecha jirones y sus brazos todavía colgando a los lados de su cuerpo, siendo cubierto con afecto por su padre, el cual debe haberse estado preguntando si este hijo alguna vez regresaría? ¿Puedes imaginarte lo que pensaba este joven mientras avanzaba? Temiendo la posibilidad de una respuesta adversa por parte de su padre, se había preparado para el castigo que merecía. En lugar de ello, el hijo permanece parado ahí en el camino, cubierto por el perdón de su padre.

> *La condición de nuestro corazón es más importante que la elocuencia de nuestra lengua.*

Me encanta imaginarme al hijo pródigo en el momento de su regreso a casa. Ensayando su discurso mientras camina, repite las frases una y otra vez, esperando comunicar su sincero arrepentimiento con pasión.

«Papá ... Ya no merezco que se me llame tu hijo; trátame como si fuera uno de tus jornaleros ...».

«Papá ... Ya no merezco que se me llame tu hijo; trátame como si fuera uno de tus jornaleros ...».

«Papá ... Ya no merezco que se me llame tu hijo; trátame como si fuera uno de tus jornaleros ...».

No obstante, una vez que el padre hubo terminado de abrazarle, ni siquiera le dio tiempo al muchacho para terminar su bien ensayado discurso de arrepentimiento. Esa parte en la que afirma estar dispuesto a ser uno de los jornaleros de su padre nunca fue pronunciada.

Solo por la disposición del hijo de regresar a casa, el padre ya sabía la decisión que el muchacho había tomado. El arrepentimiento era evidente, y mucho más importante que la elocuencia o incluso la finalización del discurso.

Es probable que el hijo pródigo haya comenzado su memorizado alegato, pero fue ahogado por la orden de su padre para que los siervos le prepararan un festival de bienvenida. Solo imagina cuán agradecido y abrumado debe haber estado el hijo al darse cuenta de la confiabilidad y seguridad del amor de su padre.

Marcos Vidal:

6. La quinta cosa a tener clara

La gracia de Dios es un espléndido regalo.

Si el padre hubiera dicho: «Denle al muchacho un emparedado de carne salada hecho con pan de centeno, un pepinillo y unas papas fritas», esto habría sido más de lo que ese hijo pródigo se merecía. Con seguridad era más de lo que él hubiera esperado.

Sin embargo, el padre ordenó que todo el trabajo se detuviera y se preparara una suculenta cena en honor al joven.

No dijo de modo reacio: «Está bien, te daré otra oportunidad… *solo* una más». El padre dio instrucciones para preparar una *celebración*.

«¡Rápido! Traigan la mejor túnica… pongan un anillo en su dedo y sandalias nuevas en sus pies. Maten al becerro más gordo, ese que hemos estado guardando para ocasiones como esta. Mi hijo estaba muerto, pero ha vuelto a vivir; estaba perdido, pero ahora ha sido encontrado».[18]

¿Puedes meterte en el pellejo del muchacho y experimentar cómo debe haberse sentido ante toda esta conmoción? Cualquier sentimiento de vergüenza y extrañeza es reemplazado por la asombrosa conciencia de que se lleva a cabo una celebración por él. La fe del muchacho, depositada en la gracia del padre, lo convirtió en el invitado de honor, en la razón de la fiesta.

¿No es el momento?

El final de la historia no es una sorpresa. Es probable que lo hayas escuchado en muchas ocasiones. Así que sabes que la confesión y el arrepentimiento genuino conducen a una celebración.

¿Por qué no tomas el teléfono en este preciso instante y llamas a esa persona a quien necesitas perdonar, alguien con quien tienes una relación rota que necesita enmendarse? Es más fácil para alguien perdonar cuando se te acerca una persona con un corazón contrito. Aunque nuestras palabras pueden ser titubeantes, sabemos que la decisión que tomamos y la condición de nuestros corazones serán más persuasivas que nuestras palabras.

Es tiempo de arrodillarnos ante nuestro Padre Celestial y confesar nuestro pecado, cualquier cosa que nos aleje de él o le desagrade. Aunque estamos conscientes de lo que hemos hecho, él es el único que sabe lo que en *realidad* habita en nuestro interior: la amargura, la ira, el odio, el orgullo, el deseo de triunfar a costa de otros, la codicia, la falta de compasión. Él conoce nuestros corazones y está listo para perdonar de modo que podamos ser libres y celebrar.

Así que, ¿por qué no lo hacemos?

Porque no podemos. No podemos dar estos pasos llenos de arrepentimiento, confesión y contrición por nuestra cuenta… no sin recibir el regalo de la fe.

Algunos años atrás, en una reunión familiar, mi hermano Dan condujo los devocionales matutinos. Lo hizo inspirándose en una historia que aparece en Lucas 8, aquella en la que Jesús calma la tormenta. El relato comienza con algo que yo no había visto antes.

«Aconteció un día, que [Jesús] entró en una barca con sus discípulos, y les dijo: Pasemos al otro lado del lago. Y partieron».[19]

Es evidente que subir al bote fue una idea de Jesús, y debido a que él es Dios, sabía que iban más adelante a enfrentar una tempestad. Así que la tormenta no lo sorprendió. Él también conocía que los discípulos iban a estar aterrorizados. Con todo, ponerlos en medio de una situación peligrosa fue idea de *Jesús*.

Inmediatamente después de que se paró en la popa del barco y reprendió a la tormenta, Jesús se volvió a sus discípulos y les dijo: «¿Dónde está la fe de ustedes?».[20] Por su cuenta, ellos no tenían ninguna fe, y en ese momento, mientras las infernales olas se desataban, ellos lo sabían muy bien. Esa era la idea.

Que comiencen los juegos

Como sabes, el objetivo de este libro es ayudarte a saber cómo prepararte para la crisis *antes* de que estés ahí, *antes* de que el infierno se desate, para que puedas estar prevenido. Esto tiene que

6. LA QUINTA COSA A TENER CLARA

ver con preparar tu almuerzo antes de estar hambriento, <u>abastecerte de baterías buenas antes de que las luces se apaguen, buscar un sistema de respaldo para tu computadora antes de que el disco duro colapse.</u>

En la primavera del 2005, estaba haciendo lo que he hecho en incontables ocasiones: apresurándome de una puerta a la siguiente en el concurrido y descontrolado aeropuerto Dallas Fort Worth para cambiar de avión. Por supuesto, el DFW es tan grande que tiene su propio código de área.

Cuando mi teléfono celular timbró, me detuve el tiempo suficiente para abrir la cremallera y sacarlo de mi portafolio, que estaba atado cuidadosamente por medio de una correa a mi maleta con ruedas.

El número en el identificador de llamadas me era familiar.

—Hola querida —le dije a mi esposa mientras caminaba hacia la puerta C33—, ¿cómo estás?

—Bien —me contestó.

Sin embargo, pude darme cuenta de que no me llamaba para conversar. No me preguntes cómo lo supe habiendo pronunciado solo una palabra, pero fue así.

—Robert —me dijo, bajando un poco el tono de voz—, acabo de hablar con tu doctor.

Luego se detuvo un momento para respirar profundamente y añadió:

—Tienes cáncer de piel.

Me paré de golpe. Las personas que iban detrás de mi tuvieron que hacer un giro brusco para evitar amontonarse justo en medio del andén. No le presté atención a su incomodidad momentánea.

Un escalofrío recorrió todo mi cuerpo. Como si el mundo anduviera en cámara lenta, escuché las palabras una vez más sin que Bobbie tuviera que hablar de nuevo: Tienes… cáncer.

No dije nada, pero Bobbie pudo escuchar el típico sonido del altavoz del aeropuerto en mi teléfono celular, por eso supo que todavía estábamos conectados.

—La biopsia resultó positiva —me dijo—. He programado una cirugía tan pronto como puedan encontrar un espacio.

Debido a que vivimos en el condado de Orange, en Florida, la capital estadounidense del cáncer de piel, las visitas al dermatólogo son programadas como los chequeos dentales. Con regularidad. Había notado una pequeña mancha sobre mi ceja derecha. Al principio se presentó después de haber cortado algunos arbustos en mi patio trasero. Así que pensé que una rama había raspado mi frente.

No obstante, una semana después se veía igual. Pasó otra semana y no hubo cambio.

Por lo tanto, programamos una cita. El asistente del doctor adormeció el área y sacó una pequeña pieza de piel para enviarla al laboratorio. Lo que me asombró fue que inmediatamente después de la biopsia, mi frente sanó. La mancha casi desapareció. Me sentí aliviado y seguro de que no había nada de qué preocuparse.

«No hay problemas, señor Wolgemuth», me imaginaba que dirían. «Se trata solo de un examen de rutina. Es bueno que se tome el tiempo para hacerse una revisión».

Continué caminando hacia mi puerta, pero mi paso era lento y mesurado.

—¿No quieres decir que es algo «precanceroso»? —le pregunté a Bobbie, repitiendo la palabra que le había escuchado decir a la enfermera.

—No —dijo Bobbie, que nunca ha pretendido someterse a la diplomacia en momentos críticos como este—, es cáncer.

—Permíteme llamarte cuando llegue a la puerta C33 —le dije.

Mi maletín me seguía por el piso embaldosado hacia mi puerta. El repiqueteo de las llantas creaba un ritmo espeluznante y solemne.

Sin embargo, entre la llamada telefónica de Bobbie y mi llegada a la puerta C33, sentí como si estuviera caminando hacia el campo de juego. Ya no era un espectador sentado en las graderías. La pelota estaba en mis manos y yo era parte del juego.

6. La quinta cosa a tener clara

Pensé en mi esposa, mis hijos y mis nietos. Luego mi mente se transportó a mi padre, que había muerto unos años antes. Pensé en mi madre, que sobrellevaba su pérdida. Revisé la condición de mi testamento y mis documentos importantes, de repente deseaba asegurarme de que Bobbie supiera dónde se encontraba archivado todo.

Y pensé en Dios. Todo aquello en lo que creía estaba en peligro. Había llegado el momento de jugar.

Una pequeña reanimación en C33

Una vez en la puerta de salida, dispuse de tiempo suficiente antes de mi siguiente vuelo. En esta ocasión, un corto retraso era bienvenido. Le había prometido a Bobbie que la llamaría, pero antes de hacerlo encontré un asiento frente a las ventanas y la pista. Las enormes aeronaves avanzaban pesadamente hacia adelante y hacia atrás. Como ocupadas orugas, los vagones de equipaje se movían con rapidez.

Me recliné en la silla y crucé mis brazos. *Lo siento*, le dije a Dios orando en silencio. *He estado tan ocupado que te he puesto a un lado. Perdóname por el pecado de sacarte de mi frenética vida.*

Me senté en silencio por un momento, repasando los últimos quince minutos y cuán calmado en realidad me sentía en ese momento.

¿Qué estaba pensando? Ese pensamiento me hizo sonreír. *Gracias por llamar mi atención*, añadí. *Esto es un regalo tuyo.* Respiré profundamente y exhalé. *Por favor, perdóname.*

Llamé a Bobbie, siendo una persona más pacífica que la que había hablado con ella hacía unos minutos. Se me hizo un nudo en la garganta cuando escuché su voz. Le dije que estaba en paz a pesar de todo y que sus noticias me habían dado una renovada mirada a la providencia y los buenos regalos de Dios.

Según resultaron las cosas, la crisis fue menor de lo esperado. La visita al doctor y la subsiguiente extracción quirúrgica de las células cancerosas fueron poco trascendentales. El cirujano me aseguró que había «sacado todo».

No obstante, así como el muchacho parado a la entrada de la finca, con las ropas hechas jirones y sus brazos caídos, yo había experimentado la calidez del perdón y el abrazo de mi Padre. El perdón era real. La cercanía que sentía con él era un lugar donde deseaba permanecer.

Jesús dijo: «Vengan a mí todos ustedes que están cansados y agobiados, y yo les daré descanso».[21]

Tú y yo nunca nos acercamos más a Dios que cuando no tenemos recursos… en el lugar de la humildad y el arrepentimiento. Y llevarnos a ese lugar es un regalo especial de Dios.

Cuando la ocupación de nuestras vidas llega a una impredecible y temible pausa, cuando entramos a su presencia y en la quietud se lo pedimos… ahí es cuando recibimos el regalo. En medio de nuestra confusión y temor, recibimos su paz y el regalo de la fe.

De vuelta en Cesarea de Filipo

En el último capítulo vimos la íntima conversación que Jesús tuvo con sus discípulos cuando Pedro declaró con audacia que él era el Mesías.

> *En medio de nuestra confusión y temor, recibimos su paz y el regalo de la fe.*

Jesús le dijo a Pedro: «Dichoso tú, Simón, hijo de Jonás … porque eso no te lo reveló ningún mortal, sino mi Padre que está en el cielo».[22]

Jesús pudo haber felicitado a Pedro por su percepción y su coraje al hablar, pero la verdad es que Pedro no tenía ni la habilidad ni el entendimiento para proclamar a Jesús como el Mesías, incluso después de haber pasado años junto al Salvador y haber presenciado incontables milagros. En lugar de ello, Jesús le estaba diciendo al audaz pescador: «Bien hecho, mi amigo, has recibido el regalo de la fe». En otras palabras: «No obtuviste esa verdad por tu cuenta. Se te fue dada como un regalo. Felicitaciones por recibirlo».

6. La quinta cosa a tener clara

La gracia, por medio de su Hijo, es uno de los regalos más asombrosos de Dios para ti y para mí. Y la fe —la habilidad de vernos a través de nuevos ojos, arrepentirnos, acercarnos a él, sentir su abrazo y recibir el regalo de la gracia— es otro regalo.

Estos dos regalos son nuestros para que los recibamos. Jesús dijo al describir la persistencia de una persona que en realidad desea las buenas cosas que el Padre tiene para nosotros: «Pidan, y se les dará; busquen, y encontrarán; llamen, y se les abrirá la puerta. Porque todo el que pide, recibe; el que busca, encuentra; y al que llama, se le abre».[23]

Poniendo las cosas en claro

Las primeras pocas cosas que tú y yo debemos tener claras desafiaban nuestro intelecto, nuestras presuposiciones. «Dios es Dios» nos dio una imagen más amplia de un Creador santo, soberano y misericordioso, así como una perspectiva más realista de quiénes somos como sus hijos. Explicamos el maravilloso milagro de la Biblia: su origen, cómo ha sido preservada y su impacto cultural durante siglos.

Luego hablamos acerca de la irrefutable verdad de nuestra condición de perdidos y la provisión de Dios al enviar a Jesucristo a pagar el precio por nuestro pecado, un precio tal que los fondos en nuestras cuentas corrientes nunca serían suficientes para cubrirlo. Estos temas, repito, pueden ser discutidos con algún sentido de razón y objetividad.

Sin embargo, esta quinta cosa, el hecho de que la gracia y la fe son regalos, no nos da mucho espacio para intelectualizar. Es como el viejo predicador que admitió ante su congregación al cierre de un particularmente intenso sermón: «Hemos pasado de la predicación a la intromisión».

Cuando estamos en el vórtice de la tormenta, por supuesto que es importante tener los cimientos de nuestro pensamiento sobre bases sólidas... Dios, la Biblia y Jesús. ¿Pero qué sucede con la condición de nuestro corazón cuando el infierno se desata? ¿Dónde está nuestra esperanza? O como cuando Jesús le preguntó a sus histéricos discípulos mientras las olas y la marejada golpeaban la borda del bote: «¿Dónde está la fe de ustedes?».

La respuesta sencilla es la siguiente: no tenemos ninguna. Las emociones en nuestro interior podrían atraparnos con un miedo y una desesperanza sobrecogedores. Como si hubiéramos sido atacados por un virus gripal, nuestros estómagos se retuercen de dolor, nuestros cuerpos duelen y nuestras cabezas oscilan mareadas. En ocasiones, estamos demasiado asustados para implorar, demasiado atónitos para llorar.

«Esto no me está sucediendo», susurramos.

No obstante, es una realidad. El infierno se ha desatado, así que, como los aterrorizados discípulos, tú y yo nos arrastramos hasta los pies de Jesús y confesamos: «No estaba listo para esto. Estoy cegado por el temor. Dios, *sé* que tú puedes consolar y sanar. Yo sé que has hecho esto por otros y sé que tienes el control».

Respiras profundamente: «Ahora, por favor, Padre, dame fe para creer».

Y él nos la dará.

La sexta cosa a tener clara
Creer y obrar van unidos

Antes que Bobbie y yo nos mudáramos a nuestro vecindario en febrero del año 2000, no conocíamos a nadie en nuestra calle. Aunque en la actualidad podemos llamar a la mayoría de las personas por su nombre, ninguno de nuestros vecinos asistió a nuestra boda en 1970, treinta años antes de mudarnos aquí. No invitamos a ninguno de ellos. Por supuesto, ninguna de estas personas tuvo que estar en nuestra boda para saber que estábamos casados. Les hemos dado buenas razones para asumir que es así.

Ambos usamos anillos matrimoniales. Paseamos a nuestro perro por el vecindario todos los días tomados de la mano, a menos que haga demasiado calor (¿has estado alguna vez en Florida en el verano?). Debido a que hemos sido anfitriones de muchas reuniones y celebraciones del vecindario, algunos vecinos nos han visitado a Bobbie y a mí dentro de nuestra casa. Han visto las fotografías de nuestra familia, y conocido a nuestros hijos y nietos cuando vienen a visitarnos desde Carolina del Norte.

Estas personas, completos extraños antes de que nos mudáramos hacia aquí, no tienen duda alguna de que en algún momento mi esposa y yo nos casamos.

Lo que sucedió en 1970 es un hecho. Bobbie y yo nos paramos ante el altar en la Iglesia Bautista de Cherrydale, en Arlington, Virginia e hicimos nuestros votos. Intercambiamos anillos y el pastor A. W. Jackson nos declaró «marido y mujer».

Luego le di el tradicional beso y partimos. Y ya que las palabras que habíamos dicho significaban algo, nos mudamos juntos, compartimos las comidas e incluso dormimos juntos. Nuestros votos sellaron nuestro matrimonio e hicimos algo al respecto.

Podemos decir que nuestras palabras y nuestro estilo de vida están relacionados; ambas cosas están conectadas.

No estamos casados los lunes, miércoles y viernes *únicamente*. No tomamos vacaciones de nuestro matrimonio... sino solo para permitirnos no tomarnos de la mano durante las caminatas de verano. Y aunque tenemos nuestros desacuerdos, no decimos: «En este momento el matrimonio no es muy divertido, así que nos vamos a tomar un día libre».

Esto es algo muy parecido a nuestro caminar con Cristo. Lo que creemos y cómo actuamos deben tener coherencia. Nuestras creencias y nuestras acciones —a menudo llamadas «obras» en la Biblia— van juntas.

Es probable que tal cosa no suene como una grande, fascinante y pomposa idea —que las creencias y las obras son inseparables— pero es una verdad muy importante a considerar cuando estamos poniendo en claro las cosas esenciales.

No le digas a Martín Lutero que no es importante

El 31 de octubre de 1517, un joven monje clavó un documento en la puerta de la Iglesia del Palacio en Wittenberg, Alemania. Enfurecido por la actividad de algunos de los líderes de la iglesia católica romana, Lutero escribió sus famosas noventa y cinco tesis, encendiendo la chispa de una enorme llamarada. Un acto que cambió el mundo.

La primera de esas noventa y cinco declaraciones fue: «Cuando nuestro Señor y Maestro Jesucristo dijo: "Haced penitencia...", ha querido que toda la vida de los creyentes fuera una de penitencia».

7. LA SEXTA COSA A TENER CLARA

¿De qué estaba hablando Lutero a inicios del siglo dieciséis? Con las palabras «toda la vida de los creyentes», Lutero estaba condenando la práctica de las «indulgencias» de la iglesia.

En realidad, las indulgencias podían haberse instaurado como algo honorable, como una declaración por parte de la iglesia romana de que «creer y obrar son uno». Cuando una persona recibía la gracia de Dios a través de la fe, sus buenas obras de servicio —sus indulgencias— eran la señal visible de su compromiso interior.

Aquí es donde la iglesia se volvió creativa: hacer cosas «buenas» fue proclamado como el castigo necesario por los pecados cometidos. Sin embargo, los asistentes promedios a la iglesia, con sus vidas ocupadas, en realidad no tenían tiempo para visitar a las viudas y los huérfanos, dar a los pobres o ayudar a los enfermos, así que la iglesia empezó a negociar las indulgencias, a poner en venta las buenas obras. Del mismo modo que se le pagan unos pocos dólares a un estudiante de colegio para que corte el césped en lugar de cortarlo uno mismo, las indulgencias eran una manera de pagar para no obrar. Las tarjetas «Salga gratis de la cárcel» estaban a la venta.

Dado que los sacerdotes eran hacedores de buenas obras a tiempo completo, tenían sus bodegas repletas de inventarios de indulgencias. La gente ordinaria era absuelta a cambio de dinero, en lugar de arrepentirse de sus pecados y purificar sus vidas.

La venta de indulgencias ocurría justo en las narices de Lutero. Algunos de sus propios feligreses en Alemania dejaron de asistir a la iglesia porque un sacerdote, Johann Tetzel, se dedicaba a vender indulgencias para no ir a la iglesia. Martín Lutero estaba enfurecido.

No hay que preguntarse por qué estas indulgencias eran tan populares. Un feligrés común, atrapado haciendo algo incorrecto o en contra de la iglesia, podía evitar el castigo. Cualquier persona acusada de golpear a sus hijos o vivir en pecado podía ponerse en paz con Dios comprando una indulgencia. Era algo tan fácil como quitarle un caramelo a un niño. El comprador podía ser considerado una persona justa luego de realizar la inversión. La iglesia traficaba satisfaciendo las conciencias culpables a cambio de dinero. Las personas en verdad acaudaladas proveían la veta madre.

La iglesia estaba diciendo: «En realidad, ustedes no deben vivir sus creencias, las buenas obras pueden serles encargadas a los profesionales por una pequeña tarifa». Y en ocasiones se solicitaba una tarifa no muy pequeña para balancear un pecado en verdad grande... una vez más, los ricos se llevaban la ventaja.

Fue esta flagrante contradicción entre las creencias y las verdaderas buenas obras la que desató la furia de Lutero. «Ustedes no pueden ser parte del plan "paguen mientras pecan"», señalaba. «Si en verdad están arrepentidos, *toda su vida* debe ser consecuente con sus creencias».

¿Ya no es un problema?

Tal vez ha pasado algún tiempo desde que escuchaste que alguien en realidad dijera tener sus pecados perdonados con solo hacer un cheque, pero el peligro —y la tentación— de separar la fe y las obras en dos categorías es tan actual como el reporte climático de esta mañana.

Tratar nuestras creencias y nuestra conducta como dos artículos diferentes es tan peligroso como ignorar un dolor en el pecho o no ajustarnos los cinturones de seguridad en una autopista de alta velocidad.

Como seguidores de Cristo, la forma en que vivimos (las palabras que decimos; nuestras relaciones con otros; lo que está en nuestras mentes; cómo actuamos en público, tratamos a nuestras familias y somos cuando nadie más está a nuestro alrededor) debe estar en armonía con lo que decimos que creemos.

El apóstol Santiago no dejó duda alguna sobre su creencia en esta verdad.

> Hermanos míos, ¿de qué le sirve a uno alegar que tiene fe, si no tiene obras? ¿Acaso podrá salvarlo esa fe? Supongamos que un hermano o

una hermana no tienen con qué vestirse y carecen del alimento diario, y uno de ustedes les dice: «Que les vaya bien; abríguense y coman hasta saciarse», pero no les da lo necesario para el cuerpo. ¿De qué servirá eso? Así también la fe por sí sola, si no tiene obras, está muerta ... Pues como el cuerpo sin el espíritu está muerto, así también la fe sin obras está muerta.[1]

Lo que creemos debe ser verificado, confirmado y demostrado por medio de lo que hacemos.

«Si estás casado», podría decir Santiago, «vive una vida de casado. Habla, piensa y actúa como casado. Ya no eres soltero. Después de la boda, múdense para vivir juntos. Muéstrenle a la gente que su vida es diferente compartiendo una misma casa».

Estar casados y vivir separados sería algo contradictorio.

El apóstol Pablo concuerda con esta perspectiva de una unión entre las creencias y las acciones: «Ya sea que coman o beban o hagan cualquier otra cosa, háganlo todo para la gloria de Dios».[2]

¿En qué consiste «todo»?

¿Qué significa «todo» cuando decimos «háganlo *todo*» para la gloria de Dios?

Veamos la respuesta de la siguiente manera. Tienes veinticuatro horas en tu día y siete días en tu semana. Eso significa que tienes exactamente ciento sesenta y ocho horas semanales. El círculo de abajo representa esas ciento sesenta y ocho horas.

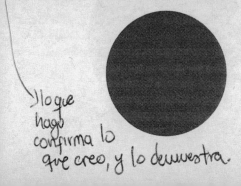

Ahora dividamos este círculo en secciones que representen la forma en que usas estas horas. Si empleamos todo el tiempo recomendado para dormir (ocho horas al día), eso representa cincuenta y seis horas, o un tercio de las horas disponibles. Si tenemos trabajos asalariados a tiempo completo, tal cosa requiere por lo menos otras cuarenta horas. Hemos llegado a noventa y seis de ciento sesenta y ocho horas (incluso más si eres una ama de casa).

El resto de nuestras horas hábiles las usamos de varias formas: diez y media horas acicalándonos por la mañana y preparándonos para pasar la noche (un total de una y media horas al día); diecisiete y media horas comiendo (media hora para el desayuno, una hora para el almuerzo y otra para la cena); ocho horas para actividades relacionadas con la fe (lectura de la Biblia, oración, ir a la iglesia y demás). Las treinta y seis horas restantes de nuestra semana se emplean en transportarnos de un lugar a otro, leer, ir de compras, pasar tiempo con nuestros cónyuges, conversar con los amigos, cumplir con los deberes cívicos, hacer deportes y otras actividades.

Dada esta información, nuestras semanas se ven más o menos de la siguiente manera:

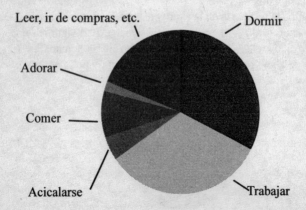

7. La sexta cosa a tener clara

Ahora bien, de acuerdo a 1 Corintios 10:31, ¿cuáles de las horas anteriores pueden ser contadas como «todo» en «háganlo *todo* para la gloria de Dios»?

Cierto. *Todas ellas.*

Las ocho horas que hemos apartado para la «actividad espiritual» son solo el principio. *No* debería existir ninguna hora en nuestra semana en la cual nuestra actividad no deba ser llevada a cabo para la gloria de Dios. *Ninguna.*

Cuando estamos en una reunión de negocios, cuando compartimos con nuestros amigos más cercanos, cuando navegamos por la Internet, cuando organizamos el pago de los impuestos, cuando está oscuro afuera, cuando hay tráfico, cuando estamos sentados en la iglesia… «todo» significa *todo*.

Debido a que Cristo nos ha encontrado y hemos escuchado el llamado a seguirle, no debería haber nada en nuestra semana que no esté sujeto a lo que creemos.

Entonces, ¿qué evidencia hay en los momentos cotidianos de nuestras vidas que nos señalen como seguidores de Cristo?

Durante años, los libros cristianos han estado desafiándonos a llevar nuestra fe al mundo, a ser «sal» y «luz», como Jesús lo ordenó en el Sermón del Monte.[3] Ellos nos motivan a vivir, actuar y obrar de tal manera que Dios sea honrado y la gente se sienta atraída hacia él por medio de nuestro ejemplo.

> *No debería existir ninguna hora en nuestra semana en la cual nuestra actividad no deba ser llevada a cabo para la gloria de Dios. Ninguna.*

Ser un seguidor de Cristo en el trabajo puede implicar colocar una Biblia en la esquina de nuestro escritorio o pronunciar una bendición antes del almuerzo con tus colegas. No obstante, abarca mucho más que eso. Lee lo que Pablo dijo sobre nuestro comportamiento como cristianos. Luego analízalo con relación a tu lugar de trabajo:

En la Casa con Josh-Ana
En la Escuela

> El amor debe ser sincero. Aborrezcan el mal; aférrense al bien. Ámense los unos a los otros con amor fraternal, respetándose y honrándose mutuamente. Nunca dejen de ser diligentes; antes bien, sirvan al Señor con el fervor que da el Espíritu. Alégrense en la esperanza, muestren paciencia en el sufrimiento, perseveren en la oración. Ayuden a los hermanos necesitados. Practiquen la hospitalidad. Bendigan a quienes los persigan; bendigan y no maldigan. Alégrense con los que están alegres; lloren con los que lloran. Vivan en armonía los unos con los otros. No sean arrogantes, sino háganse solidarios con los humildes. No se crean los únicos que saben.[4]

Podría ser útil tomar un pedazo de papel y escribir algunas maneras específicas en las que puedes poner varios de esos desafíos a funcionar en tu lugar de trabajo. ¿Cómo se verían estas amonestaciones si fueran aplicadas al lugar donde pasas la mayor parte de tus horas hábiles de la semana?

Aférrense al bien; hónrense mutuamente; no dejen de ser diligentes; muestren paciencia en el sufrimiento; vivan en armonía y no sean arrogantes. *¡Vaya!*

Las instrucciones de Pablo nos proveen una brillante lista de control para el trabajo. La evidencia de nuestro caminar con Cristo debería ser visible en todo lo que hacemos.

Y «todo» significa *todo*.

La vida no tan equilibrada

Desde 1969 hasta 1976, Bobbie y yo estuvimos involucrados en un ministerio de jóvenes llamado Juventud para Cristo como si se tratara de una carrera. Amábamos a los adolescentes y disfrutábamos compartiendo nuestra fe con ellos durante esos años.

Algunos líderes del equipo de JPC comenzaron a promover el concepto llamado «una vida equilibrada». Ellos tomaron la idea de Lucas 2:52: «Jesús siguió creciendo en sabiduría y estatura, y cada vez más gozaba del favor de Dios y de toda la gente».

A partir de este versículo, el cual hacía referencia a todas las esferas: mental (sabiduría), física (estatura), espiritual (gozaba del favor de Dios) y social (la gente), estos líderes crearon el siguiente diagrama:

Mental	Física
Espiritual	Social

Aunque la filosofía de este diagrama es sana, podría desorientar al adolescente común e incluso al adulto que la enseña. Ellos *podrían* pensar que la única parte de la vida que necesita ser vivida para la gloria de Dios es la parte «espiritual». Hay peligro al pensar que, en lo que se refiere a las otras esferas de nuestras vidas, podemos hacer básicamente lo que nos plazca. Un cuarto le pertenece a Dios, el resto es nuestro. (En el gráfico circular anterior, la actividad espiritual ocupaba solo el 4,7% de nuestra semana).

Eso sencillamente no es cierto. Nuestras creencias y nuestras actividades, sin importar cuáles sean, no *pueden* ser vividas de forma aislada unas de otras.

Y esto trabaja en ambos sentidos

La unidad entre las creencias y las obras también significa que las buenas obras no sustituyen a la fe. Sin tener en cuenta cuán ejemplar sea nuestro comportamiento, tú y yo no podemos abastecernos de obras encomiables suficientes como para convertirnos en auténticos seguidores de Cristo. No podemos comprar bastantes indulgencias.

Escandalízame

La gracia que Dios nos ofrece a través de su hijo es un regalo que solo puede ser recibido cuando nos acercamos a él por medio de la fe. Podemos donar fondos para toda la campaña de construcción de nuestra iglesia y luego pasar el resto de nuestras vidas sirviendo a los pobres… y aun así esto no sería suficiente para ponernos a cuentas con Dios.

El apóstol Pablo escribió: «Pero cuando se manifestaron la bondad y el amor de Dios nuestro Salvador, él nos salvó, no por nuestras propias obras de justicia sino por su misericordia».[5] Esta declaración le pisa los talones a otro versículo que muestra cómo somos fortalecidos para vivir como verdaderos seguidores de Cristo, integrando la fe y las obras. «En verdad, Dios ha manifestado a toda la humanidad su gracia, la cual trae salvación y nos enseña a rechazar la impiedad y las pasiones mundanas. Así podremos vivir en este mundo con justicia, piedad y dominio propio».[6]

¿Captas la idea? No podemos labrar nuestro camino hacia la fe salvadora, pero si *tenemos* una fe salvadora, esta *debe* evidenciarse en cómo vivimos y actuamos, en caso contrario, no se trata de una fe salvadora.

Tratar con la separación prohibida entre las creencias y las obras ha sido una larga y desafiante aventura para mí. Esto se remonta a mis primeras experiencias en la iglesia siendo un niño pequeño.

Historia de dos iglesias

Mis primeros recuerdos acerca de la iglesia son fáciles de evocar, ya que mi propio padre era predicador en la Iglesia de los Hermanos en Cristo de Fairview Avenue. Y no solo eso, sino que tres de mis tíos también eran pastores de la misma denominación. Lo mismo se aplica para mis dos abuelos. Los púlpitos colgaban de las ramas de nuestro árbol familiar.

Así como los menonitas en la teología, los Hermanos en Cristo creían fuertemente en la comunidad y la separación del mundo.[7] La mayoría de ellos no votaban, jugaban o cumplían con el servicio militar. Incluso el código de vestimenta adecuado era claramente identificable. Los colores brillantes eran mal vistos y la joyería condenada con severidad. El negro, el gris y los colores claros constituían la única moda aceptable.

Uno de los textos más comunes que los predicadores escogían para sus mensajes era la advertencia a la iglesia de Corinto hecha por el apóstol Pablo: «Salgan de en medio de ellos y apártense. No toquen nada impuro, y yo los recibiré».[8]

Lo interesante con relación a los sermones que hacían referencia a la apariencia externa era que, como niños, nosotros podíamos estudiar a la audiencia —por supuesto, no de modo tan flagrante como para que nuestros padres nos pillaran embobados— e identificar a los «pecadores». Por ejemplo, cualquier mujer sin algo sobre su cabeza era sospechosa. (Las feligresas no habrían pensado en sentarse en adoración sin usar simples coberturas blancas).

No éramos amish, así que nuestras casas tenían electricidad y agua potable. Y conducir autos era aceptable, en especial negros.[9] Pero desde los púlpitos se predicaba a voz en cuello en contra de ver películas, asistir a los bailes y beber.

Puedes imaginarte lo distorsionado de mi joven concepto con relación a los cristianos. Mucho de lo que éramos como creyentes estaba dado por nuestro contraste con la gente «del mundo».

Cuando una pareja se presentaba en uno de nuestros servicios, el esposo vistiendo una llamativa chaqueta deportiva y su esposa usando maquillaje, un vestido colorido y joyas, bien pudieran haber llevado también unas placas que dijeran Visitante. O tal vez Perdido.

«No somos como ellos», nos susurraría mi abuela a mis hermanos y a mí luego de un diplomático saludo a tales visitantes después del servicio.

El cristianismo se refiere a la apariencia, determiné siendo joven. *Eso* era lo importante.

Sin embargo, pronto mi punto de vista cambió y mi perspectiva comenzó a ampliarse.

Nuestra familia se mudó al área de Chicago a principios de la década del cincuenta. Mi papá ya no era un ministro de parroquia; su carrera lo llevó a un trabajo paraeclesial a tiempo completo.

No pudimos encontrar una iglesia Hermanos en Cristo en nuestra localidad, así que mis padres escogieron una congregación que se ajustara a muchas de las creencias doctrinales fundamentales de nuestra antigua iglesia.

Los domingos por la mañana, en nuestro camino a la Iglesia Libre Evangélica Wheaton, pasábamos frente a la Iglesia Cristiana Reformada de la calle Harrison, a solo un par de cuadras de nuestro hogar. Husmeando desde la ventana del asiento trasero, veía a la gente vestida con ropas coloridas, incluso a mujeres que llevaban maquillaje y joyas, paradas en las escalinatas de la iglesia. Algunas de estas personas estaban fumando cigarrillos mientras charlaban antes de entrar.

Aunque en ese entonces el término «friqueado» no había sido introducido en nuestro léxico, hubiera sido una perfecta descripción para la respuesta de mi padre ante estos sujetos. Por supuesto, él era demasiado discreto para expresar su desdén de una forma abierta, así que hacía un sonido reprobatorio, el cual mis hermanos y yo entendíamos claramente sin necesidad de interpretación.

Era evidente para mí que, aunque estas personas iban a la iglesia, en realidad *no* eran cristianas. Esta clase de paradoja era demasiado difícil para que un niño la resolviera con seguridad en su mente.

No obstante, los años que siguieron me permitieron conocer a amigos en la escuela que provenían de iglesias «liberales». En ocasiones visitaba sus iglesias, en las cuales se enfatizaba «la libertad en Cristo», aunque mi papá se refería a ella como «libertinaje». Las «intenciones del corazón», decían ellos, eran más importantes que el color de la chaqueta deportiva. Y uno ama a Dios y le obedece porque *desea hacerlo*, no porque *debe*. Esta era una cuestión de cambio de paradigma.

7. La sexta cosa a tener clara

Identificar a los verdaderos cristianos se volvió una tarea mucho más difícil de lo que había sido cuando era niño. Descubrí que un hombre podía *parecer* justo y hablar como cristiano, pero ser un mentiroso, un engañador o un mujeriego. Y aprendí que una mujer con un cabello impecablemente peinado y unos pendientes, que se veía como si acabara de salir de las páginas de la revista *Glamour*, podía ser una santa, liderar estudios bíblicos en los hogares, y hablarles de Jesucristo a sus colegas.

Por extraño que fuera esto al inicio, mi descubrimiento de que la fe y las obras van juntas me ha llevado a creer que las iglesias Hermanos en Cristo y Cristiana Reformada estaban ambas equivocadas... y en lo correcto.

Tú y yo no podemos labrarnos —conduciendo autos blancos o negros, llevando ropas grises o de moda, jugando a las cartas o rehusándonos a hacerlo, sirviendo en el ejército o no, bebiendo o absteniéndonos, fumando o refrenándonos— un camino hacia la fe salvadora. No obstante, si *tenemos* una fe salvadora, como Lutero declaró, una «justificación por la fe y solo por la fe», esta debe ser coherente con la forma en que vivimos y actuamos, en caso contrario, no es en lo absoluto una fe salvadora.

Una confrontación como para el libro de récords

Resulta fascinante cuántas de las confrontaciones de Jesús tuvieron que ver con este tema de las creencias y las obras, con la correspondencia entre lo que crees y lo que haces.

Así como los inquisitivos reporteros en las conferencias de prensa que vemos a diario por la televisión, un «experto en la ley» se dirigió a Jesús frente a una multitud para «probarle» con una pregunta.

«Maestro ¿qué tengo que hacer para heredar la vida eterna?».[10]

Lo que resulta intrigante para mí es que al narrar la historia, Lucas destacó el hecho de que el hombre —algunas versiones de la Biblia se refieren a él como abogado— no estaba interesado en la respuesta a la pregunta, lejos de ser un curioso con deseos de aprender, parecía estar jugando el juego de «desafiar al profeta».

Lo que también resulta interesante y solemne de este momento es que en el instante en que el hombre se paró para hablar, Jesús sabía exactamente lo que iba a preguntar y por qué. Sabía que el hombre era un erudito de la ley y que no estaba dispuesto a ponerla en práctica.

Conduciendo al hombre a tratar con el verdadero asunto, Jesús le hizo una repregunta sencilla, una que sabía que el hombre podía responder. Por medio de la misma la hipocresía del hombre quedaría al descubierto.

«¿Qué está escrito en la Ley?», preguntó Jesús. «¿Cómo la interpretas tú?».

Así como tú y yo hacíamos cuando un maestro nos formulaba una pregunta para la cual nos sentíamos preparados, este abogado tal vez respiró profundo y se irguió. Esta iba a ser su oportunidad de brillar.

«Ama al Señor tu Dios con todo tu corazón, con todo tu ser, con todas tus fuerzas y con toda tu mente», respondió.

Él dio una descripción amplia de lo que se necesita para ganar la vida eterna. Como un jugador de tenis que devuelve la pelota de su oponente, el hombre debe haber celebrado —con seguridad para sus adentros, a fin de no violar las leyes del decoro— pensando de qué forma tan concisa había respondido.

Hasta ese punto todo estaba bien.

Debió haberse detenido ahí, mientras todavía tenía la delantera. En lugar de ello, beatamente continuó.

«… y: "Ama a tu prójimo como a ti mismo"».

«Bien contestado —le dijo Jesús—. Haz eso y vivirás».

Sin embargo, el erudito no había terminado. Una vez más, él insistió en demostrar su elocuencia, sin darse cuenta de que estaba tendiéndose una trampa. Tal vez tenía la reputación de ser un erudito sagaz, con un don brillante para la oratoria, pero con una indisposición a vivir de tal manera que estuviera de acuerdo con sus palabras. Cualquiera haya sido el caso, Lucas nos revela algo sobre los motivos malintencionados de este experto en la ley.

7. LA SEXTA COSA A TENER CLARA

«Pero él quería justificarse», escribe Lucas, «así que le preguntó a Jesús: "¿Y quién es mi prójimo?"».

¿Te das cuenta? Él deseaba *justificar sus acciones*, con lo cual esperaba satisfacer al rabí.

Jesús le respondió narrándole la historia del buen samaritano. Probablemente recuerdas esta familiar narración.

«Bajaba un hombre de Jerusalén a Jericó, y cayó en manos de unos ladrones. Le quitaron la ropa, lo golpearon y se fueron, dejándolo medio muerto».

Siendo un nacionalista consumado, no hay dudas de que el abogado debe haber parado sus orejas. La víctima de esta historia era un judío, miembro de su propio pueblo.

«Resulta que viajaba por el mismo camino un sacerdote quien, al verlo, se desvió y siguió de largo».

¿Puedes imaginarte la mirada en los rostros de las personas que escuchaban a Jesús? Se suponía que los sacerdotes eran hacedores profesionales de buenas obras. No obstante, en esta historia, el sacerdote *evitó* al hombre indefenso. Si alguien debía saber que la descripción de su trabajo implicaba más *hacer* que enseñar y creer, esa persona era un sacerdote.

«Así también llegó a aquel lugar un levita, y al verlo, se desvió y siguió de largo», continuó Jesús.

Que el sacerdote ignorara al hombre sangrando, bueno, eso era lo suficiente impactante, ¿pero un levita haciéndose a un lado? Desde los días de Moisés, todos los levitas habían sido apartados para hacer los trabajos de la iglesia. Si alguien con una ascendencia levítica ignoraba a un hombre herido, esto hubiera sido algo escandaloso.

Por mil quinientos años, la tarea de los levitas era ser los guardianes especiales del tabernáculo y el templo. El sacerdote, que se había cruzado en primera instancia con el hombre herido, tenía otras tareas: ofrecer sacrificios, dirigir al pueblo en adoración, proteger la ley. Sin embargo, el trabajo *distintivo* de los levitas era servir en todo lo que pudieran. Y aun así, este hombre miró hacia el otro lado.

«Pero un samaritano que iba de viaje llegó adonde estaba el hombre y, viéndolo, se compadeció de él. Se acercó, le curó las heridas con vino y aceite, y se las vendó. Luego lo montó sobre su propia cabalgadura, lo llevó a un alojamiento y lo cuidó. Al día siguiente, sacó dos monedas de plata y se las dio al dueño del alojamiento. "Cuídemelo —le dijo—, y lo que gaste usted de más, se lo pagaré cuando yo vuelva"».

> *Es así de sencillo. Nuestra fe no es una fe salvadora a menos que esté evidenciada por nuestro estilo de vida, por lo que decimos y hacemos.*

El experto en la ley debe haber odiado esta parte. No había ningún otro grupo de personas más despreciado por los judíos que los mestizos samaritanos. Convertir en el héroe de la historia a una persona de esta detestable raza debe haber resultado repulsivo.

Luego Jesús lo miró directo a los ojos y le hizo una incisiva pregunta.

«¿Cuál de estos tres piensas que demostró ser el prójimo del que cayó en manos de los ladrones?».

¿Puedes imaginar el rostro del experto enrojecido por la vergüenza? Muchos de los que estaban presentes entre la multitud debían saber que sus afirmaciones de ser un hombre devoto no concordaban con sus acciones. Su respuesta debe haberlo expuesto de manera despiadada, pero él no tuvo alternativa.

«El samaritano», dijo furioso. Él sabía que *solo* el samaritano le había mostrado misericordia al viajero ensangrentado.

«Sí, estás en lo correcto», le dijo Jesús. «Anda entonces y haz tú lo mismo».

Punto de juego, punto de set… ¡partido ganado!

Es así de sencillo. Nuestra fe no es una fe salvadora a menos que esté evidenciada por nuestro estilo de vida, por lo que decimos y hacemos.

Caminando sobre el hielo

A los ojos de aquellos que son mucho más astutos y están formalmente entrenados en la doctrina y la teología, sé que po-

7. LA SEXTA COSA A TENER CLARA

dría estar caminando sobre el hielo. No estoy diciendo que nuestra salvación penda de un hilo —para cambiar la metáfora— de bondad y obediencia, y que si pecamos este se rompe. Con todo, sí sé que la historia del buen samaritano y del mal orientado experto en la ley revela las intenciones del corazón de estos hombres. La misma confirma con claridad la necesidad de una continuidad fluida entre las creencias y la acción. Lo que creemos debe manifestarse en lo que hacemos. No habrá nada en nuestro intelecto que sustituya nuestra obediencia.

CONFUSIÓN EN CUANTO A LAS CARRERAS

Los años que pasé trabajando con los jóvenes fueron ilustrativos.

Una noche, un grupo pequeño de estudiantes de bachillerato se sentó en el piso de nuestra sala. Estábamos conversando acerca de dejar el hogar para ir a la universidad, las carreras y las decisiones importantes de la vida.

«¿Qué carrera les gustaría seguir?», pregunté.

«Abogado», «doctor», «profesor», «científico», «empresario», dijeron uno por uno. Un muchacho dijo: «Bombero, por supuesto», la misma respuesta que había dado desde que era pequeño. Todos nos reímos.

«Está bien», dije, «esas son buenas opciones. ¿Pero existe alguna carrera que *no* elegirían por ser cristianos?».

Esa era una pregunta que no habían considerado, así que se tomaron un instante antes de hablar.

«Prostituta», contestó una chica.

«Capo de la mafia», dijo un chico.

«Abogado criminalista», dijo un joven con franqueza.

«*¿Abogado criminalista?*», repetí con evidente sorpresa en mi voz.

El muchacho explicó que a él le parecía que algunos abogados criminalistas estaban más interesados en ganar los casos que en descubrir la verdad. «Como cristiano, no creo que podría hacer eso», concluyó.

Su comentario encendió una agitada conversación.

En realidad fue una velada memorable, pero he deseado en muchas ocasiones poder regresar a aquella noche y haber hecho una pregunta más.

«¿Existe una carrera que como cristiano *deberías* seguir?».

Estoy seguro de que hubiera presenciado miradas de reproche, mientras los adolescentes se preguntaban si acaso iba a desalentar las otras opciones del mercado. No hay dudas de que las carreras obligatorias de «misionero» o «ministro» habrían sido mencionadas.

Luego de que sus respuestas se calmaran, mi siguiente declaración tal vez les habría impactado: «Como cristianos, en realidad no tienen opción». Entonces, en esta escena imaginaria, habría hecho una pausa dramática para asegurarme de contar con su total atención.

«Solo hay una opción de carrera para los cristianos», concluiría. «Todos ustedes van a tener que convertirse en sacerdotes.

Podría haber visto el impacto en sus rostros. Pero no los dejaría en este estado por mucho tiempo.

Una de las tragedias de la religión es que a menudo se levanta una pared entre lo secular y lo sagrado, lo cual trae consigo el inherente peligro de pensar que una «vida equilibrada» incluye algunas actividades que son «religiosas» y otras que son «no religiosas». Lo mismo es cierto para el arte, la música, la literatura y otras vocaciones.

Cientos de años atrás, no había distinción entre el arte secular y el arte sagrado, solo entre el arte bueno y el malo. Incorporar temas bíblicos a las pinturas «seculares» no solo era común, sino predecible. Una visita a cualquier destacado museo de arte revela con claridad obras maestras que caracterizan detalladas escenas de la Biblia. Estas obras cuelgan junto a exquisitos retratos y pinturas de paisajes y escenas de la vida diaria.

Tampoco existía una división entre la música secular y la sagrada. Escuchar a los clásicos lo confirma.

7. La sexta cosa a tener clara

En la literatura, la distinción no estaba entre los escritos seculares y los religiosos, sino entre los verdaderos y los no verdaderos... entre los malos y los buenos.

En la actualidad, la distinción en las artes entre lo religioso y lo no religioso es clara y fuerte. Da Vinci, Beethoven y Dante habrían encontrado innecesario crear categorías separadas con los «Cuarenta principales de la música contemporánea cristiana» y los «Libros cristianos más vendidos».

Incluso en nuestras carreras hemos dibujado una inquietante línea entre el trabajo secular y el trabajo «cristiano a tiempo completo».

Los apóstoles del Nuevo Testamento no habrían aprobado esto.

El apóstol Pablo les escribió a sujetos ordinarios, incluyendo pintores, músicos, escritores, albañiles, doctores, granjeros, maestros y ministros: «Pero ustedes son linaje escogido, real sacerdocio, nación santa, pueblo que pertenece a Dios, para que proclamen las obras maravillosas de aquel que los llamó de las tinieblas a su luz admirable».[11]

Es probable que los sujetos del primer siglo que leían estas palabras se sintieran tan impactados como aquellos estudiantes de bachillerato en nuestra sala. Sin embargo, Pedro no dio oportunidad para que hubiera equivocación alguna. «Ustedes son sacerdotes profesionales a tiempo completo, sin importar su vocación». Lo que esto significa es que tú y yo, como personas de fe, *siempre* somos personas de fe sin importar dónde estemos o lo que hagamos. Siempre estamos de turno. Cuando la persona que trabaja junto a ti pierde su empleo, tú eres el sacerdote de turno. Cuando alguien tiene una llanta desinflada en el estacionamiento, yo soy el sacerdote de turno. Cuando la amiga de nuestros hijos se embaraza, cuando el césped de nuestro vecino está demasiado largo porque él está visitando a un pariente enfermo fuera de la ciudad, cuando nuestro pastor solicita voluntarios para ayudar con los niños, nosotros somos los sacerdotes de turno.

Y cuando la tragedia golpea a las personas que han integrado por completo la fe y las obras, ellas no entran en pánico y colapsan en desesperanza. La gente de fe sabe quiénes son: sacerdotes de turno.

LA FE Y LAS OBRAS RECONSIDERADAS

Lo que me gusta de los versículos que siguen a la declaración de Pedro de que todos somos sacerdotes es que él se hace eco de Santiago y Pablo. Lo que creemos debe ser verificado, confirmado y demostrado por lo que hacemos.

«Ustedes antes ni siquiera eran pueblo, pero ahora son pueblo de Dios; antes no habían recibido misericordia, pero ahora ya la han recibido», escribió Pedro». *Ese* es el papel de la fe. Y fíjate que él deja claro que las personas han recibido esto como un regalo.

«Mantengan entre los incrédulos una conducta tan ejemplar que, aunque los acusen de hacer el mal, ellos observen las buenas obras de ustedes y glorifiquen a Dios en el día de la salvación». Lo que creemos y cómo actuamos está por completo vinculado. No podemos labrarnos un camino hacia la fe salvadora. No obstante, si vamos a poseerla, la misma *debe ser obvia* por medio de nuestras palabras y obras. En caso contrario, todo es una farsa.

Ahora bien, es indispensable que la conexión entre la fe y las obras *no* se convierta en un arma para juzgar a otros. Jesús fue muy claro en cuanto a la tentación que podemos sentir de enjuiciar a otras personas que no seamos nosotros.

> No juzguen a nadie, para que nadie los juzgue a ustedes. Porque tal como juzguen se les juzgará, y con la medida que midan a otros, se les medirá a ustedes. ¿Por qué te fijas en la astilla que tiene tu hermano en el ojo, y no le das importancia a la viga que está en el tuyo? ¿Cómo puedes decirle a tu hermano: "Déjame sacarte la astilla del ojo", cuando ahí tienes una viga en el tuyo? ¡Hipócrita!, saca primero la viga de tu propio ojo, y en-

tonces verás con claridad para sacar la astilla del
ojo de tu hermano.[12]

Esta unión entre la fe y las obras nunca debería crear una incertidumbre en cuanto a la permanente promesa de Dios de gracia para nuestras vidas. Su promesa de salvarnos es segura. El apóstol Pablo escribió: «Pues estoy convencido de que ni la muerte ni la vida, ni los ángeles ni los demonios, ni lo presente ni lo por venir, ni los poderes, ni lo alto ni lo profundo, ni cosa alguna en toda la creación, podrá apartarnos del amor que Dios nos ha manifestado en Cristo Jesús nuestro Señor».[13]

Al igual que el amor exclusivo e incondicional propugnado en los votos matrimoniales, el amor de Dios es para siempre y nos obliga a responder en obediencia. Y nosotros *queremos* que nuestra conducta sea consecuente con el amor que prometemos.

¿ANTES DE QUE EL INFIERNO SE DESATE?

Lo que resulta interesante en referencia a la unión entre nuestras creencias y nuestro modo de actuar es que parece algo muy filosófico. Muy fuera de este mundo.

«Es bueno tener clara una cosa así», podría decir alguien. «¿Pero cómo funciona esto en la vida real?». Como mencioné al inicio de este capítulo, la idea de la unidad de las creencias y las acciones puede no parecer una gran idea.

No obstante, lo es. Como seguidores de Cristo —sacerdotes de turno— estamos listos. Así como el equipo de emergencias de nuestra ciudad, que nunca sabe el momento en que va a ser llamado, nosotros nunca nos encontramos fuera de guardia. En el instante en que se nos notifique, nos ponemos en acción... cuando el teléfono celular suena, cuando las noticias en la televisión son aterrorizadoras, cuando parece que no hay lugar hacia donde correr.

Estamos llamados a un trabajo a tiempo completo para vincular lo que creemos con la forma en que nos comportamos.

«Por lo tanto, si alguno está en Cristo, es una nueva creación. ¡Lo viejo ha pasado, ha llegado ya lo nuevo!».[14]

Lo que creemos impacta de un modo absoluto la forma en que actuamos. Nuestras convicciones internas son confirmadas por nuestra conducta exterior. Como seguidores de Cristo, estamos llamados a ser transformados desde adentro hacia afuera. Y esto afecta todo, ya sea cuando la vida trascurre sin percances o cuando el infierno se desata.

Poniendo las cosas en claro

Los políticos, en especial los políticos presidenciales, siempre me han fascinado. Mi esposa señala que uno de mis más grandes desafíos disciplinarios es apagar las noticias ininterrumpidas por cable. Es verdad.

En 1988, cuando el segundo período de Ronald Reagan estaba terminando, hubo una lucha en el partido republicano a fin de encontrar un candidato que se postulara para la elección presidencial y sucediera a Reagan. Naturalmente, debido al hecho de que era el vicepresidente, George H. W. Bush estaba de inmediato a la cabeza. Con todo, había otros.

Uno de los posibles candidatos era un cristiano declarado.

Una noche, en un panel de discusión entre los periodistas de una cadena de noticias, uno de los comentaristas hizo una interesante observación. Cuando uno de los expertos se refirió al candidato cristiano, el tema se volcó a las creencias religiosas de los candidatos. Aunque cada contendiente tenía su propia manera de identificarse como una persona religiosa, este candidato en particular se había expresado con mucha claridad. El comentarista habló sin hacer ningún intento por enmascarar su desdén ante el hecho de que un candidato presidencial se autodenominase como un «creyente bíblico».

Citando un discurso que el candidato había dado, el periodista fue muy crítico. Él les recordó a los otros panelistas que el cristiano, aunque había reconocido que cumpliría con su responsabilidad constitucional de ser el presidente de *todo* el pueblo, había anunciado que no abandonaría su fe si era electo para ocupar la Casa Blanca. Su fe determinaría todas sus decisiones.

Hubo risas en el estudio. Las bromas sobre crear una teocracia estadounidense iban y venían. Estaba claro que estos hombres creían que las creencias de un hombre y su obras —sus acciones y decisiones— podían vivir en dos mundos separados.

¿Acaso estos comentaristas sabían que esta no era la primera vez en que un presidente o un candidato presidencial había hablado sobre la conexión de su llamado con la soberanía de Dios?

Fíjate en las palabras de George Washington, el primer presidente de los Estados Unidos:

> En obediencia al llamado popular, delegado en el aquí presente, sería en especial impropio omitir en este primer acto oficial mis súplicas fervientes a ese Ser Todopoderoso que gobierna el universo, que preside el consejo de las naciones y cuya ayuda providencial puede suplir todo defecto humano, para que su bendición sacramental consagre las libertades y la felicidad del pueblo de los Estados Unidos.[15]

Nuestras creencias y nuestro comportamiento no pueden estar archivados en compartimentos separados. Nosotros somos sacerdotes de turno, a tiempo completo, que *además* manejamos nuestros negocios... e incluso la presidencia. Lo que creemos y cómo actuamos son cosas que van unidas. Recordemos que nuestro mandato es directo y claro.

«Háganlo todo para la gloria de Dios».[16]

Y «todo» significa *todo*.

8

La séptima cosa a tener clara
La iglesia es idea de Dios

¿Te sorprende que la séptima cosa a tener clara antes de que el infierno se desate involucre a la iglesia?

«En realidad», es probable que digas, «si solo vamos a tener siete cosas claras, ¿no hay algo más importante que la iglesia? ¿No están los seguidores modernos de Cristo ofreciendo alternativas que no sean tan pesadas? ¿Todavía es relevante la iglesia?».

Veamos.

Desde los cimientos

La construcción siempre ha sido una de mis pasiones personales. Esta pasión nació el verano después de haberme graduado del colegio, cuando conseguí lo que para mí representaba un trabajo de ensueño. Jim Whitmer era uno de mis mejores amigos y su padre poseía un pequeño negocio de construcciones. Jim me había dicho, sin dejar lugar a dudas, que ya no estaba interesado en el trabajo de la construcción. Su papá le había dicho que si podía encontrar a alguien que le reemplazara, podría marcharse.

Yo fui ese alguien, y en muy corto tiempo me enamoré del negocio.

Richard Whitmer e Hijos construía casas por encargo y pequeñas estructuras comerciales, pero la especialidad de la compañía eran las iglesias.

Debido a que Richard era un cristiano entusiasta, esta era una manera ideal de servir al Señor, construyendo lo que él felizmente llamaba «casas iglesias».

Así que durante los siguientes tres veranos me uní a Richard Whitmer e Hijos y ayudé a construir casas por encargo, estructuras comerciales e iglesias.

Antes de aprender el negocio, pensaba que las iglesias se construían sobre la capa de arcilla de la tierra, a solo unos pocos pies por debajo de la superficie.[1]

Sin embargo, estaba equivocado. Las iglesias no se construyen sobre la arcilla.

Esa cosa llamada «iglesia»

¿Recuerdas la escapada a Cesarea de Filipo, cuando el Salvador le preguntó a sus seguidores qué era lo que estaba diciendo la gente de él? Seguro tienes presente todas sus respuestas (Elías, Jeremías, Juan el Bautista) y cómo Jesús luego les preguntó: «Y ustedes, ¿quién dicen que soy yo?».

Te acordarás de que Simón Pedro fue rápido para responder: «Tú eres el Cristo, el Hijo del Dios viviente».

Jesús felicitó a Pedro, pero le dijo que él no había llegado a esta profunda verdad por su cuenta, sino que Dios mismo se la había revelado.

Y entonces Jesús usó una nueva palabra, una que los discípulos tal vez nunca habían escuchado antes. Por lo menos, esta es la primera vez que la vemos en nuestras Biblias. «Tú eres Pedro [*Petros*], y sobre esta piedra edificaré mi iglesia, y las puertas del reino de la muerte [el infierno] no prevalecerán contra ella».[2]

La nueva palabra era *iglesia*. ¿No crees que los discípulos debieron haberse mirado intrigados unos a otros cuando Jesús la pronunció?

¿Iglesia?, deben haberse preguntado. *¿Qué es eso?*

8. La séptima cosa a tener clara

Iglesia significa «los llamados», y los discípulos no solo aprendieron pronto acerca de lo que Jesús estaba hablando, sino que con el tiempo se dispersaron tan lejos como hasta la India para edificarla.[3] La mayoría de ellos murió en el proceso de establecer esa cosa llamada iglesia.

Por supuesto, Jesús no estaba diciéndoles a los discípulos que los verdaderos cimientos de la iglesia debían ser construidos sobre el hombre Pedro. Estos debían edificarse sobre la *verdad* que Pedro acababa de decir acerca de Jesús.

«Tú eres el Mesías», dijo Pedro.

«Sobre *esta* piedra edificaré mi iglesia», respondió Jesús.

Un poco antes, mientras Jesús y los doce discípulos estaban viajando hacia la región de Cesarea de Filipo, habían atravesado el valle de Hula, cerca de la entrada de la caverna conocida como «Las puertas del Hades», de la cual fluía una de las más grandes fuentes de agua que nutren al río Jordán.[4]

En las mentes de los discípulos estaba la imagen del agua brotando de esa caverna hacia el río Jordán. «Será tan imposible para el poder del infierno contener a la iglesia como lo es para ustedes tratar de retener el agua que brota de esa caverna», estaba diciendo Jesús.

La imagen debió haber sido conmovedora y a la vez confusa para los discípulos. Ellos no tenían idea de lo que Jesús estaba hablando. ¿De qué manera podía algo detener la fuerza de esas aguas?

La aprensión de los discípulos es comprensible. Durante siglos el pueblo de Dios había sido perseguido y maldecido. Los conquistadores habían saqueado y dispersado a los judíos, convirtiéndolos en fugitivos y exiliados. En ese momento, su tierra estaba ocupada por los indomables romanos. Eran testigos de poderosas peleas internas y conflictos entre las élites religiosas y la plebe. Los discípulos se preguntaban cómo Jesús podía construir algo lo suficiente fuerte como para contener el mal que ellos veían a todo su alrededor. Se sentían impotentes. Todo el concepto parecía descabellado.

No obstante, como la esperanza nace al ser encendida por ideas inspiradas, la determinación de los discípulos se avivó ante la posibilidad de tal cosa. En la actualidad, con la historia como nuestro maestro, tú y yo sabemos de lo que Jesús estaba hablando.

La iglesia de Jesucristo, visible e invisible, tiene el poder para lograr mucho más que contener el agua que brota de dicha caverna. La iglesia puede literalmente pararse firme ante los planes malignos del mismo infierno.

> *La iglesia puede literalmente pararse firme ante los planes malignos del mismo infierno.*

Has escuchado a la gente decir que la iglesia no es un edificio. Eso es cierto. Como el libro de Hebreos la describe, con Cristo como el «sumo sacerdote», la iglesia es «el tabernáculo más excelente y perfecto, no hecho por manos humanas».[5]

Sin embargo, además de ser la asociación mundial de seguidores de Cristo, la iglesia es en efecto un edificio colocado sobre un terreno.

Y también De cocodd de Interiores-

DIOS FORMA PARTE DEL NEGOCIO DE BIENES RAÍCES

Cada contratista sabe que sin una tierra disponible no hay lugar para realizar un proyecto. Sin tierra él está fuera del negocio. Dios tenía un plan para construir la iglesia, así que comenzó escogiendo una propiedad estratégica.

Alrededor de dos mil años antes de que Jesús les enseñara la palabra *iglesia* a sus discípulos, Dios movió el corazón de un hombre llamado Taré y lo motivó a dejar su hogar en Ur de los Caldeos. Ur estaba localizada cerca de la zona conocida como la Creciente Fértil, el lugar donde los ríos Tigris y Éufrates se juntan al noroeste del Golfo Pérsico.

Taré se mudó y se llevó con él a su hijo, a la esposa de su hijo y a su nieto a un lugar llamado Harán. Esta fue una jornada de casi cuatrocientas millas. Después de unos pocos años de vivir en Harán, Taré murió. Entonces Dios le habló a Abram, el hijo de Taré.

8. LA SÉPTIMA COSA A TENER CLARA

> El SEÑOR le dijo a Abram: «Deja tu tierra, tus
> parientes y la casa de tu padre, y vete a la tierra
> que te mostraré. Haré de ti una nación grande,
> y te bendeciré; haré famoso tu nombre, y serás
> una bendición. Bendeciré a los que te bendigan
> y maldeciré a los que te maldigan; ¡por medio
> de ti serán bendecidas todas las familias de la
> tierra!»[6]

Dios envió a Abram a una extensión de *tierra* —bienes raíces— a casi trescientas millas de distancia. «Esta es *mi* tierra y ustedes deberán establecerse aquí», le dijo Dios a Abram.

Es asombroso que en la actualidad, cuatro mil años más tarde, los descendientes de Abram, los judíos, todavía reclamen Canaán, esa misma porción de bienes raíces.

Cuando Abram, su esposa Sarai y su sobrino Lot llegaron a Canaán, había una hambruna en esa tierra. Así que siguieron adelante, para al final llegar a Egipto, donde vivieron durante diez años. Cuando se acabó la hambruna en Canaán, Abram se dirigió de vuelta a la tierra que Dios le había prometido. Ahí Dios hizo un pacto con Abram para convertirlo en el padre de toda una nación.

La promesa de Dios de una nación, su pueblo elegido, fue traspasada de Abram a su hijo Isaac y a su nieto Jacob, el padre de los doce hijos que establecieron la nación de Israel.[7]

Casi ciento setenta años después de que naciera Isaac, el hijo que Dios le había prometido a Abraham y Sara, José, uno de los nietos de Isaac, fue vendido como esclavo por sus hermanos celosos.[8] Los nuevos dueños de José se lo llevaron a Egipto, donde fue vendido de nuevo. En esta ocasión terminó en la casa de un prominente líder egipcio llamado Potifar. No obstante, Dios tenía un plan para construir la iglesia.

La odisea de los hijos de Israel continuó, encontrándose todavía en Canaán, pero enfrentando otra hambruna. Así que fueron forzados a levantar campamento y restablecerse en Egipto. Ahí vivieron, primero como invitados, pero con el tiempo como esclavos. Entonces, casi trescientos años después de la llegada de José a Egipto, los israelitas abandonaron este país y se dirigieron a su hogar. Este viaje a través del desierto de la península de Sinaí, desde Egipto hasta Canaán, la tierra prometida, duró cuarenta años.

Dios entra en el negocio de la construcción

La mesa de trabajo de todo capataz de la construcción es el capó de su camioneta. Es común verlos desenrollar el plano de un proyecto en el que están trabajando. Cuando Dios estuvo listo para construir la iglesia, él también desenrolló un plano.

Durante el camino de los israelitas desde Egipto hasta Canaán, se puede decir que Dios expandió su interés más allá de los bienes raíces y se unió al mercado de la construcción. Dios construyó un edificio, o por lo menos ordenó que fuera construido uno bajo sus precisas especificaciones.

Moisés acababa de bajar de la montaña donde había recibido los Diez Mandamientos. «Habla con los hijos de Israel», le dijo Dios a Moisés. «Reúne una ofrenda de manos del pueblo para un propósito especial». Luego Dios le explicó a Moisés la razón de esta inusual campaña para recolectar fondos. «Me harán un santuario, para que yo habite entre ustedes. El santuario y todo su mobiliario deberán ser una réplica exacta del modelo que yo te mostraré».[9] Dios le dijo a Moisés que construyera un edificio para que él pudiera habitar en medio de ellos.

Eso no quiere decir que Dios no hubiera estado alrededor de ellos hasta ese momento. El relato del Antiguo Testamento deja claro que Dios estaba muy presente y era muy visible entre el pueblo, tan visible como pudiera serlo una columna de nube por el día y una columna de fuego por la noche. Sin embargo, ahora Dios deseaba tener una estructura visible, un lugar donde morar, en el que el pueblo pudiera entrar y experimentar su presencia.

8. La séptima cosa a tener clara

Un lugar para el sacrificio y la adoración. El tabernáculo también sería un lugar en el cual descansara el Arca del Pacto, la caja de oro que contenía los Diez Mandamientos.

Este no era un edificio estacionario. Debido a que los judíos se encontraban en movimiento, el lugar de morada de Dios debía ser desarmable y portátil. Así que el tabernáculo fue construido con pieles de animales y grandes piezas de lino, cosidas con pelo de cabra y estiradas entre postes.

Cuando llegaba el tiempo de moverse a un nuevo lugar en su jornada hacia Canaán, el tabernáculo podía ser desmantelado y cargado en carruajes que lo transportaban. Los descendientes de Leví, tercer hijo de Jacob, fueron seleccionados para estar a cargo de desmontar y armar el tabernáculo.

Para los israelitas, el tabernáculo era una estructura sagrada. Era su «iglesia».

Casi quinientos años más tarde, la construcción de un tabernáculo permanente, el templo, se inició en Jerusalén.

El tabernáculo había sido el lugar de morada transportable de Dios en el desierto. El templo de Salomón sería su casa inamovible en Jerusalén.

Fue mil años más tarde que Jesús, el Hijo de Dios, anunció que construiría otro lugar, *su* iglesia. Y en la actualidad, dos mil años más tarde, la tierra está cubierta de tabernáculos: edificios ordinarios, grandes catedrales y chozas de paja. Estos son lugares donde la gente va a encontrarse con Dios.

En el Antiguo Testamento, el pueblo de Dios fue liberado de la esclavitud en Egipto. Ellos escucharon de Dios por medio de la ley. Como resultado, construyeron el tabernáculo, el lugar de morada de Dios.

Comenzando en el Antiguo Testamento y hasta la actualidad, el pueblo de Dios, por medio de Cristo, también es liberado de la esclavitud, la esclavitud del pecado. Ellos también han escuchado directamente de Dios por medio de Jesús, su regalo. Como resultado, construyeron la iglesia, el lugar de morada de Dios.

En el desierto, los israelitas iban a encontrarse con Dios en el tabernáculo. Años más tarde, se reunían en la presencia de Dios en el templo que estaba en el centro de Jerusalén. En la actualidad, tú y yo entramos al edificio de una iglesia y Dios está ahí.

Refugios para la tormenta

Cuando se acerca un huracán, las autoridades le dicen a la gente que se dirija hacia los edificios lo suficiente fuertes como para soportar los devastadores vientos. De manera usual los gimnasios escolares y otras estructuras construidas con bloques de concreto son las elegidas. En ocasiones, los refugios para la tormenta son los sótanos de grandes edificios. Si en realidad nunca has estado dentro de un área de evacuación, tal vez has visto por lo menos las noticias que muestran las filas de catres acomodados para los visitantes de emergencia.

Por supuesto, siempre hay personas que evitan los refugios y enfrentan las tormentas por su cuenta. A pesar de los boletines informativos que alertan: «Evacuen sus hogares; encuentren un refugio seguro», estos sujetos tercamente atraviesan la tormenta y la hecatombe solos.

La misma devastación puede ocurrir cuando la gente decide enfrentar la vida apartados de la iglesia.

«Yo puedo adorar a Dios desde mi bote de pesca», dicen algunos. «En realidad, estar cerca de la naturaleza es mejor para mí que estar en una iglesia».

«Nuestras vidas son tan agotadoras», confiesan otros, «que un tranquilo fin de semana en casa es casi lo mismo que adorar para nuestra familia».

Algunas personas se mantienen alejadas simplemente por causa de sus gustos personales: «¿Has escuchado la música que tocan? ¡No la soporto!».

Habiendo criado a una familia y conociendo el estrés de las agendas frenéticas y los sobrecargados compromisos diarios, Bobbie y yo comprendemos estas conclusiones, estas racionalizaciones para no ir a la iglesia. No obstante, es precisamente

8. La séptima cosa a tener clara

debido al inevitable estrés que necesitamos un refugio para la tormenta.

Por eso no es sorprendente que la Biblia le dé mucho peso a la importancia de asistir a la iglesia, este lugar especial donde mora Dios. «No dejemos de congregarnos, como acostumbran hacerlo algunos, sino animémonos unos a otros».[10]

Tan importante como tener claros los principios críticos de nuestra fe —la naturaleza de Dios, el poder de la Biblia, la verdad de nuestra condición de perdidos, el carácter de Jesús, los regalos de Dios de la gracia y la fe, y la unidad que existe entre creencia y obras— es reunirse con regularidad en la iglesia con otros creyentes, por lo tanto, esto no puede ser visto de ninguna otra forma que no sea como algo absolutamente esencial.

> *Es precisamente debido al inevitable estrés que necesitamos un refugio para la tormenta.*
>
> Hospital

Un gran lugar para colapsar

No hace mucho nuestro pastor estaba preparándose a fin de invitar a los niños a pasar al frente de nuestra iglesia para el sermón infantil «El tiempo de los jóvenes discípulos». Cuando se paró en el altar, un hombre que estaba sentado en la banca delantera se inclinó hacia adelante y colapsó, cayendo desmayado al piso.

Aunque nuestro santuario es grande y la caída del hombre no era visible para la mayoría de nosotros, aquellos que estuvieron lo suficiente cerca para ver al hombre caer de su asiento hacia la alfombra se sintieron tan conmocionados que provocaron una agitación notoria. Lo que siguió a esta impredecible emergencia parecía un ejercicio perfectamente orquestado.

«Necesitamos la ayuda de un doctor», anunció nuestro pastor, el Dr. David Swanson. Su voz no reflejaba ningún pánico. Al igual que una orden dada a unos soldados preparados, las sencillas palabras fueron un mesurado llamado de ayuda. Como si hubiesen ensayado antes, algunos doctores y enfermeras se abrieron paso con rapidez hasta el hombre caído. Walter Parks, nuestro ujier principal, ordenó a otros ujieres que trajeran el oxígeno y el botiquín de primeros auxilios. Luego Walt trajo una silla de ruedas por el pasillo.

Sin ninguna urgencia, el organista, George Atwell, comenzó a tocar un himno conocido. Un millar de personas permaneció sentado en silencio, muchos de nosotros orábamos por la salud de ese hombre y porque Dios les otorgara sabiduría a aquellos que estaban cuidándole.

Nuestro pastor y uno de nuestros ministros asistentes se pararon junto a la familia del hombre, dándoles consuelo y abrazándoles. Otro asistente llamó al número de emergencias desde su celular.

Luego de unos pocos minutos de observar esta respuesta coreografiada de modo impecable, Bobbie se inclinó hacia mí y me susurró: «Este es un gran lugar para colapsar».

Después de unos diez minutos, el hombre recuperó la conciencia y fue colocado en la silla de ruedas y retirado del santuario. Sus familiares lo siguieron. El Dr. Swanson y los otros pastores regresaron a sus lugares, y el servicio continuó.

Esa mañana camino a casa, Bobbie y yo hablamos sobre el drama. Era una imagen perfecta de lo que ocurre en una iglesia cuando el infierno se desata. Lo que habíamos presenciado cuando el hombre colapsó físicamente es justo lo que tu iglesia local, esa que está a una cuadra de tu casa, se encuentra preparada para hacer cuando la tragedia emocional, física o espiritual, te golpea a ti o a tu familia. La iglesia es un gran lugar para colapsar.

La iglesia visible, aquella que tiene una dirección, con ciudad, estado y código postal, es un refugio para la tormenta que está listo cuando el infierno se desata. Enfrentar por tu cuenta cualquier tormenta no tiene sentido. Volar solo es arriesgarse, de una manera grande e innecesaria.

Fue el plan de Dios construir la iglesia.

Sin embargo, hay otra «iglesia». Una que no está construida con ladrillos y morteros.

La otra iglesia

En el segundo capítulo, hablamos sobre quién es Dios y cómo ha elegido revelarse en la creación. ¿Pero no sería maravilloso si pudiéramos en realidad *verle*?

¿Cómo es eso posible en la actualidad?

Al describir a la iglesia, el apóstol Pablo habla acerca de grupos de personas que se reúnen para buscar y adorar a Dios. La ubicación física de estas reuniones carece de importancia. En realidad, la gente que se reúne es parte de una gran fraternidad mundial de creyentes con un mismo pensar. Pablo les llama a estas personas el «cuerpo de Cristo».

> De hecho, aunque el cuerpo es uno solo, tiene muchos miembros, y todos los miembros, no obstante ser muchos, forman un solo cuerpo. Así sucede con Cristo. Todos fuimos bautizados por un solo Espíritu para constituir un solo cuerpo —ya seamos judíos o gentiles, esclavos o libres—, y a todos se nos dio a beber de un mismo Espíritu. Ahora bien, el cuerpo no consta de un solo miembro sino de muchos ... Lo cierto es que hay muchos miembros, pero el cuerpo es uno solo ... Si uno de los miembros sufre, los demás comparten su sufrimiento; y si uno de ellos recibe honor, los demás se alegran con él. Ahora bien, ustedes son el cuerpo de Cristo, y cada uno es miembro de ese cuerpo.[11]

En este pasaje, Dios está anunciando: «¿Quieres ver cómo me veo? Entonces mira a estas personas. Fíjate en cómo se tratan. Este soy yo?» Y no importa cuán grande o pequeña sea la reunión. Él incluso puede ser visto en medio de dos o tres (Mateo 18:20).

La familia de la iglesia

Cuando yo era un niño en la iglesia de mi padre, escuchaba la expresión «la familia de la iglesia». En la actualidad comprendo lo profunda y exacta que esta imagen es: una familia.

Debido a la forma en que el cuerpo de la iglesia funciona, no debería existir tal cosa como un miembro de la iglesia que sea un solitario. La palabra griega para compañerismo es *koinonia*, y eso significa una clase especial de conexión.[12]

En ninguna otra parte tú, y cada miembro de tu familia, podrán encontrar un lugar donde sean al mismo tiempo confrontados con la verdad, abrazados por gente que los ama y motivados a vivir una vida de relevancia. Habla con las personas cuyas vidas han sido golpeadas por la enfermedad o la tragedia. Así como lo hicieron los individuos que atendieron primero al hombre caído en nuestro santuario, el cuerpo de la iglesia está listo para ponerse en acción, tanto en tiempos de celebración como de crisis.

«Sin la iglesia, ¿qué pasaría cuando te enfermas?», preguntó una vez un conferencista a la audiencia. «¿Qué sucedería cuando te casas, tienes un bebé, pierdes tu trabajo o *mueres*?», añadió, poniendo énfasis en la última palabra. Es el plan de Dios construir la iglesia, por todas esas razones y más.

Bajo un microscopio, podrías ver que tu cuerpo está conformado por una asombrosa red de billones de células. Un examen exhaustivo del cuerpo de la iglesia también muestra su maravillosa e intrincada composición.

Grupos pequeños de cristianos se reúnen alrededor de todo el mundo para llevar a cabo una «rendición de cuentas». Los miembros del grupo demuestran su amor y el afecto genuino de los unos por los otros haciendo preguntas difíciles como: «¿Lo que estás a punto de hacer se ajusta a los objetivos espirituales que te habías establecido?».

«¿Qué está *pasando*?».

En ocasiones, estas preguntas y confrontaciones evitan que la gente cometa errores devastadores. Aquellos que se desafían y se exhortan unos a otros forman parte de la iglesia.

Cualquiera puede darle un vistazo a los «grupos de afinidad» especiales que se reúnen con regularidad dentro de la familia de la iglesia para instruirse, ayudarse y motivarse: madres de

8. La séptima cosa a tener clara

bebés, ministerios de familias mezcladas, reparaciones gratis de autos para madres solteras, talleres matrimoniales, cuidado de ancianos, grupos de misiones, equipos deportivos de adolescentes, grupos de varones, restauración para divorciados, ministerio de padres, talleres de luto, grupos de apoyo para la adopción, asistencia para traumas posteriores a un aborto, y ayuda para las familias que lidian con una discapacidad o la adicción sexual.

> *Una clase especial de comunión tiene lugar cuando el infierno se desata para uno de sus miembros. Por eso es que Dios planificó la iglesia.*

La familia de la iglesia está ahí para regocijarse, celebrar y apoyar a la gente a través de cada estado de la vida, y representa una red de seguridad con la cual las personas pueden contar en los tiempos difíciles. Una clase especial de comunión tiene lugar cuando el infierno se desata para uno de sus miembros. Por eso es que Dios planificó la iglesia.

Párate y canta

El béisbol es el «pasatiempo favorito de los Estados Unidos». Aunque el juego tiene sus orígenes en una actividad practicada con una pelota y un bate hace mucho tiempo en Gran Bretaña, su versión actual fue desarrollada en los Estados Unidos. Por eso no es de sorprenderse que cada juego comience con el himno nacional estadounidense. Lo que adoro de este momento musical previo al juego es que cada fanático, sin importar a qué equipo pertenece, se para, mira a la bandera y canta. La bandera ha sido izada y esto acaba con toda rivalidad. La misma verdad se aplica a los juegos de fútbol americano a todo nivel.

El 27 de enero de 1991, los Gigantes de Nueva York y los Buffalo Bills se estaban preparando para jugar el Super Bowl XXV en Tampa. Justo diez días antes, el presidente George H. W. Bush, con la aprobación del congreso, le había declarado la guerra a Saddam Hussein debido a su injustificada invasión a Kuwait. El sentir estadounidense era de temor y palpable ansiedad. Dado que los Estados Unidos estaban por completo involucrados en la guerra —en la operación Tormenta del Desierto— la seguridad en el estadio de Tampa alcanzó niveles sin precedentes.

Cuando el partido de fútbol americano estaba a punto de iniciar, Whitney Houston se acercó al micrófono y comenzó a cantar el himno nacional.[13] Durante los siguientes tres minutos, no existían fanáticos de los Gigantes de Nueva York en los Estados Unidos. Tampoco había fanáticos de los Buffalo Bills. Solo había estadounidenses. Todos en el estadio se encontraban de pie en solidaridad. Y la mayoría de las personas estaba cantando.

De la misma forma, la iglesia es un lugar para la camaradería. Para pararse y cantar, adorar y celebrar. Es el lugar donde las personas hacen a un lado las cosas que a menudo las separan.

La canción de los niños proveniente del salón de clases de la iglesia, lleno de pequeños, expresa esta notoria verdad por medio de una sencilla melodía: «Blancos y negros, amarillos y rojos, todos somos preciosos ante sus ojos».[14]

La iglesia fue diseñada por Dios para ser el lugar de reunión de las personas que aman a Jesucristo. El lugar donde ellas mutuamente se alinean con él. Entonces, todas sus rivalidades, divisiones y discusiones pueden ser eliminadas. Construir la iglesia fue el plan de Dios.

Disciplíname a tiempo

¿Cómo sería la vida sin disciplina? Como un río que inunda sus alrededores y se convierte en un infectado pantano, un mundo sin autoridad y orden sería un caos. Los ladrones quedarían en libertad, los conductores imprudentes acelerarían sus autos en medio de los tranquilos vecindarios. Los depredadores de toda índole convertirían a los más débiles en víctimas. Esa es la razón por la que se crearon los gobiernos civiles, para proveerle protección al inocente y castigar a los infractores de la sociedad.

8. La séptima cosa a tener clara

Sin embargo, ¿qué hace que las personas sin moral ni remordimientos se responsabilicen? Si nunca habías pensado en la iglesia como desempeñando este papel, una mirada a la historia revelará que una de las razones más importantes de su existencia ha sido ejercer la autoridad moral. Esta autoridad jamás pretendió usarse con arrogancia o para la venganza. No obstante, la iglesia ha administrado disciplina para corregir a sus miembros perdidos, peligrosos o francamente sin remordimientos con el fin de proteger la pureza del cuerpo de la iglesia.

En lo que se refiere a la disciplina eclesial, Pablo no da oportunidad a la diplomacia en la iglesia del primer siglo en Corinto:

> Es ya del dominio público que hay entre ustedes un caso de inmoralidad sexual que ni siquiera entre los paganos se tolera, a saber, que uno de ustedes tiene por mujer a la esposa de su padre. ¡Y de esto se sienten orgullosos! ¿No debieran, más bien, haber lamentado lo sucedido y expulsado de entre ustedes al que hizo tal cosa? ... Hacen mal en jactarse. ¿No se dan cuenta de que un poco de levadura hace fermentar toda la masa? ... ¿Acaso me toca a mí juzgar a los de afuera? ¿No son ustedes los que deben juzgar a los de adentro? Dios juzgará a los de afuera. «Expulsen al malvado de entre ustedes».[15]

Cuando Bobbie y yo nos mudamos a la Florida, compramos una casa en una pequeña comunidad regida por pactos y reglamentos. Con completa autoridad legal, la asociación de propietarios tiene el derecho de llamarles la atención a los vecinos por desobedecer lo estipulado en esos documentos. Cuando los propietarios se rehúsan a cumplir una regulación, como por ejemplo, pagar las cuotas anuales, se le da un poder a la asociación para embargar e incluso vender la casa del infractor en una ejecución hipotecaria. Es difícil que la asociación de propietarios ejerza su poder hasta este extremo, pero el derecho a hacer uso de su autoridad por supuesto es suyo.

De la misma forma, Dios le da autoridad a la iglesia para disciplinar a los «hermanos y hermanas» cuyas acciones y actitudes estén en conflicto con las Escrituras.

Además de las instrucciones bíblicas, muchas iglesias y denominaciones tienen procedimientos escritos específicos para asegurarse de que las ofensas sean confrontadas con precisión y cuidado.

El objetivo final de una disciplina eclesial no es destruir a una persona. Es desafiarle de un modo radical a que se arrepienta y sea restaurada a la comunidad de la iglesia. Y como lo hace un buen padre, el derecho a disciplinar es equilibrado con el mandato de amar y servir.

Una plataforma de lanzamiento para los siervos

En el otoño del 2005, un huracán categoría cuatro azotó la costa del golfo. Esto ocurrió seis meses después de que Katrina hubiera tocado tierra, inundando Nueva Orleans y otras ciudades a lo largo de la costa. La agencia de noticias Associated Press hizo pública una historia que fue difundida en los periódicos a través de todos los Estados Unidos. Un párrafo citaba: «Con las agencias gubernamentales presionadas por el despliegue masivo para la recuperación de la Costa del Golfo, grupos de toda denominación religiosa imaginable están llevando una pesada carga del trabajo. Decenas de miles de voluntarios de cientos de grupos religiosos se han trasladado a la región».[16]

Otro párrafo hacía una declaración sobre los recursos de la iglesia que habría hecho sonreír a los primeros discípulos de Jesús: «Este pozo prácticamente sin fondo de trabajo hace [de estos grupos religiosos] un valioso recurso para la Agencia Federal para el Manejo de Emergencias, la cual coordina sus esfuerzos a fin de evitar la duplicación de labores».[17]

¿Cuán fantástico es esto? La respuesta de la iglesia ante uno de los desastres más devastadores de la historia estadounidense

8. LA SÉPTIMA COSA A TENER CLARA

fue tan completa, que una agencia federal tuvo que asegurarse de que en medio de su entusiasmo los grupos de voluntarios cristianos no duplicaran los esfuerzos de las agencias gubernamentales pagadas.

Ya sea aliviando los desastres de un huracán, sirviendo almuerzos calientes a los recluidos, llevando sanidad a los millones de africanos afectados por el SIDA, transportando alimentos y suplementos médicos a las regiones azotadas por la sequía, o cuidando a los desamparados, la iglesia ha tomado la toalla, el balde, la pala, el cucharón, la motosierra y las medicinas… y ha servido con fidelidad. Fue el plan de Dios construir la iglesia.

UNA FORTALEZA CONTRA EL MAL

Hemos hablado de cómo la iglesia es un refugio para las tormentas, una estructura que está certificada para soportar tempestades de todo tipo. Un edificio lleno de gente fiel. Esto es cierto, pero hay más.

Por firme que sea la iglesia ante cualquier calamidad que pueda ocurrir en nuestras vidas, es aun más fuerte de lo que nos imaginamos. Jesús les declaró a sus discípulos que la iglesia es lo suficiente fuerte para refrenar el poder de Satanás.

La iglesia en realidad está diseñada para la batalla. Además de contar con edificios donde la familia de la iglesia se reúne, hay instrucción, celebración, disciplina y los servicios son desplegados, la iglesia dispone de una iniciativa militar con un poder sin igual.

Como puestos fronterizos que cuidan las vulnerables costas en contra de los depredadores circundantes, las iglesias son fortalezas que protegen las calles de tu ciudad, contando con el poder para detener las fuerzas de la oscuridad. Y como un miembro de nuestra propia fuerza de inteligencia que penetra el campo enemigo y se reporta al cuartel general, el apóstol Pablo nos habla de los terribles archienemigos de la iglesia. «Porque nuestra lucha no es contra seres humanos, sino contra poderes, contra autoridades, contra potestades que dominan este mundo de tinieblas, contra fuerzas espirituales malignas en las regiones celestiales».[18]

Cuando Jesús dijo que las puertas del Hades no serían capaces de prevalecer en contra de la fortaleza de su iglesia, estaba hablando de aquellos enemigos no visibles, capitaneados por su hábil general, Satanás.

Satanás odia a la iglesia. La misma representa todo lo que él desprecia. Y su objetivo es mantener a la gente alejada, para aislarla y volverla indefensa. No obstante, si el enemigo no tiene éxito en evitar que los creyentes se reúnan, hará todo lo que esté en su poder para destruir el cuerpo de la iglesia desde su interior. Tratará de que las personas estén en desacuerdo las unas con las otras en cuanto a la autoridad de la Palabra de Dios o los principios históricos de la iglesia, o drenará la energía de la gente con argumentos sobre los estilos musicales o el color de la alfombra.

La iglesia representa tal amenaza para sus malvados planes que Satanás hará cualquier cosa que pueda para destruir esta fortaleza. Sin embargo, la iglesia está preparada para superar al maligno.

Nunca en domingo

Algunos años atrás, unos amigos nuestros encontraron su «casa de los sueños en el lago» y se mudaron a ella. Pero su nueva casa estaba más lejos de su iglesia y ellos decidieron que era un lío seguir asistiendo.

Luego de algunos meses en su hermoso y nuevo hogar, comenzaron una búsqueda casual de una nueva iglesia. No obstante, pronto se rindieron, sabiendo que nunca serían capaces de reemplazar a la iglesia que acababan de dejar. De un modo consciente o no, al abandonar su búsqueda tomaron la decisión de que no necesitaban asistir más a la iglesia.

Nuestros amigos pensaron que podían sobrellevar solos la tormenta. Estaban equivocados. Debido a que se encontraban aislados de las personas que los amaban, nadie se acercó a ellos porque vio lo que estaba sucediendo o le importaba.

Su matrimonio comenzó a tambalearse. Sus hijos se volvieron distantes. La comunicación sincera dentro de su hogar se interrumpió. Pronto los problemas no resueltos comenzaron a salir a la superficie. Una ira descontrolada apareció. Llamaron a los abogados para divorciarse. El infierno se desató. Estos amigos no habían asistido al refugio para las tormentas.

Sin la familia de la iglesia, sin escuchar constantemente la verdad, sin un lugar para celebrar, sin las voces de amigos amorosos que nos hagan rendir cuentas, sin la oportunidad de servir, y sin la protección que Jesús prometió en contra de las puertas del hades, somos vulnerables. Esa es la razón por la que la fortaleza —el tabernáculo, el templo, la iglesia— existe. Es el plan de Dios.

Los milagros ocurren en la iglesia

Nuestro amigo el Dr. Henry Blackabby dice: «Los milagros ocurren en la iglesia». Él está en lo correcto. Alguien en la iglesia podría ser la respuesta a mi oración. Algo que yo diga en una conversación puede ser exactamente lo que alguna persona está buscando. Una idea o una solución para algo que necesitas durante esta semana pueden venir a tu mente mientras estás sentado en adoración.

Algunos meses atrás Bobbie llamó a Molly, una vieja amiga de Virginia, y en el transcurso de la conversación le preguntó: «¿A qué iglesia estás asistiendo?».

Estando al cuidado de su anciano padre luego de que su madre había muerto, la vida de Molly era complicada y ella no había asistido a la iglesia por más de un año.

«Bueno, ahora sé la razón por la que debía llamarte», bromeó Bobbie. «Necesitas ir a la iglesia, Molly. Ahí fue Jesús durante el Sabbat y él todavía se encuentra ahí cada domingo. Necesitas ir a la iglesia».

Aunque fue difícil, Molly hizo los arreglos para asistir a la iglesia a la siguiente semana. Unos días después, Bobbie recibió un sobre por correo proveniente de su amiga. Dentro del sobre, estaba el boletín de la iglesia con el programa del servicio al cual había asistido.

Escritas en los márgenes del boletín, aparecían notas que Molly había escrito durante el servicio.

La música y el sermón habían sido justo lo que necesitaba Molly. La carta que ella escribió estaba llena de júbilo y gratitud. Molly había experimentado el milagro.

«Hoy fui a la iglesia», escribió ella, «disfruté de un servicio que me pareció perfecto. No sé cómo más describirlo. Gracias por recordarme que debo recargar mi batería espiritual.

Con una sola visita al tabernáculo, rodeados por el cuerpo de Cristo, experimentaremos el lugar de morada de nuestro Padre celestial. *Este* es el plan de Dios para la iglesia.

Base de operaciones

El otro día, mientras paseaba a nuestro perro, vi a algunos chicos del vecindario jugando a las escondidas. Fue divertido observarlos y recordar las horas que mis hermanos y yo pasábamos jugando al mismo juego cuando éramos niños. Durante los años que vivimos en Japón, donde nuestros padres fueron misioneros, aprendimos una versión asiática del juego de las escondidas, llamada «un, dos, tres, salvados todos».

La desventaja de ser «el encargado» (el que debía buscar) en este juego es que se trata de ti contra docenas de niños del vecindario. Las oportunidades de vencer son nulas. Cuando eres «el encargado», lo eres durante todo el juego.

Una de las cosas en común entre los dos juegos era la «base». Si llegabas a la base antes de ser atrapado, estabas salvado.

Cuando tú yo vamos a la iglesia, deberíamos experimentar la misma emoción que un niño experimenta cuando toca la base. Estamos salvados.

Eso no significa que la iglesia sea solo diversión y juego. No lo es. La verdad puede ser dura con nosotros. La iglesia es el lugar en el que somos confrontados y desafiados con amor a llevar a cabo la difícil tarea de confesar nuestro pecado y renovar nuestra decisión de obedecer. Sin embargo, la iglesia, visible e invisible, es también el lugar donde Dios mora. Es un lugar para la comunión, la celebración y el servicio. Es un lugar para refugiarse del terrorismo de Satanás. Es un lugar para los milagros.

Poniendo las cosas en claro

Si alguna vez has visitado la costa norte de Inglaterra, conoces las borrascas marinas que azotan el área. A finales del siglo diecinueve, el pastor Vernon J. Charlesworth escribió un poema que se convirtió en un maravilloso y antiguo himno, a menudo cantado por los pescadores mientras se dirigían a la orilla durante la tormenta.

> El Señor es nuestra roca, en él nos refugiamos,
> un refugio en tiempo de tormenta;
> seguridad cuando nos enfermamos,
> un refugio en tiempo de tormenta.
> Oh, Jesús es nuestra roca en el cansancio,
> en el cansancio, en el cansancio;
> oh, Jesús es nuestra roca en el cansancio,
> un refugio en tiempo de tormenta.[19]

Tal como él lo dijo, la iglesia es construida sobre la «Roca de Jesucristo». No hay nada como la iglesia, y este es *exactamente* el lugar donde tú y yo necesitamos estar antes, durante y después de que el infierno se desate.

9

SUÉTERES, CONTRAVENTANAS
Y ESTAR LISTOS

No tenemos invierno en Florida, al menos no la clase de invierno que experimenté cuando crecía siendo un niño en Chicago. Cuando Bobbie y yo nos mudamos al sur en el 2000, algunos de nuestros amigos del norte nos preguntaron: «¿No extrañarás las estaciones?».

«Ah, tendremos estaciones», decíamos. «Viajaremos hacia ellas».

Y lo hacemos. Por motivos familiares y de negocios, entre septiembre y marzo podemos en realidad usar abrigos de lana y disfrutar de la nieve cuando viajamos al norte.

Empacar resulta interesante. Con el aire acondicionado al máximo en nuestra casa y caminando en shorts y camisetas, colocamos suéteres con cuello de tortuga y pesados abrigos en nuestras maletas. Es raro empacar prendas tan diametralmente opuestas a lo que en ese momento necesitamos. La idea de andar bajo cero usando sandalias y traje de baño puede sonar ridícula. Por eso planeamos con anticipación.

LAS CONTRAVENTANAS

Cuando los huracanes golpearon nuestro estado en el año 2004, los tableros contrachapados eran una materia prima muy demandada. Por docenas, la gente conducía hasta Home Depot y Lowe's para comprarlos y colocarlos sobre sus vehículos. No estuvimos listos para la primera tormenta, pero cuando se acercó la segunda, también visitamos Home Depot para comprar un tablero a fin de cubrir una de las ventanas exteriores. Esta ventana ubicada en el segundo piso con vista hacia el este era la más vulnerable. Debido a la forma en que tembló durante las fuertes ráfagas de viento de la primera tormenta, nos sorprendió y alegró que no se hubiera destrozado.

Así que compramos el tablero. Durante la aventura de la instalación, me di cuenta de que levantar una gran pieza de madera parado en una escalera y atornillarla a la casa, no iba a ser fácil. El viento no conoce la diferencia entre una vela y un tablero contrachapado a siete metros en el aire.

Necesitamos un panel permanente para esta ventana, pensé.

Por lo tanto, tan pronto como la solución temporal fue colocada, acudí a mi computadora y comencé a buscar compañías locales que instalaran contraventanas. Bobbie me ayudó en la búsqueda.

Sin embargo, luego de llamar a tres o cuatro compañías dedicadas al negocio, no nos tomó mucho tiempo darnos cuenta de que en medio de la temporada de huracanes no éramos los únicos con esta idea.

«Debido a la alta demanda de nuestros productos no podemos tomar nuevas órdenes», decía la contestadora de teléfonos. Otra nos dirigía a un sistema electrónico de mensajería que decía: «El casillero de voz con el que está tratando de comunicarse está lleno». La última compañía con la que tratamos ni siquiera contestó el teléfono. Luego de diez o doce timbradas, colgamos. El tablero contrachapado tendría que servir.

Cuatro meses después, luego de que la temporada de huracanes pasara a formar parte de los libros de historia, decidimos buscar de nuevo un panel permanente para esa ventana en el segundo piso orientada hacia el este.

Sabes hacia dónde va esto, ¿verdad?

9. Suéteres, contraventanas y estar listos

«Hola. Compañía de Contraventanas de la Florida Central. ¿En qué le puedo servir?», decía la amigable voz después de la segunda timbrada.

El vendedor se presentó en nuestra casa dos días después, midiendo la ventana en el piso superior. Nos ofreció «un descuento sustancial si ordenan ahora».

Solo unos meses antes, no podíamos conseguir siquiera que contestaran el teléfono. Ahora se nos ofrecía un descuento.

El día en que el equipo de instalación vino, el cielo estaba claro como el cristal y la brisa era casi imperceptible. Instalar contraventanas cuando el clima era perfecto podría resultar gracioso.

Sin embargo, no lo es. Es la cosa correcta a hacer.

De la misma forma en que empacar suéteres en un clima cálido y colocar paneles para tormentas en marzo parece contrario a lo que se suele pensar, tener las siete cosas claras cuando la vida es buena tal vez no parecería importante, pero lo es.

Cuando salgas del avión en Chicago en un día de invierno, es mejor que tengas el abrigo puesto. Cuando los huracanes lleguen, los paneles para tormentas necesitan estar asegurados a esas ventanas. Y cuando la crisis golpee, lo que hayas guardado en tu corazón será lo único de lo que puedas echar mano en ese momento.

Es más fácil construir en la arena

Los dieciséis años que vivimos en Nashville fueron maravillosos. Hicimos amigos para toda la vida y disfrutamos de la hermosa topografía de la localidad. Las ligeramente onduladas colinas pintaban un adorable telón de fondo. No obstante, en ocasiones el tráfico se volvía un poco enmarañado, en especial cuando el Departamento de Carreteras decidía mejorar los caminos.

La ampliación de una carretera en uno o dos carriles significaba años de frustrantes retrasos. ¿Por qué? Porque esas hermosas colinas eran de piedra caliza sólida. Emplear dinamita y un equipo para trabajos pesados era la única forma de pasar a través de ellas.

En la arenosa y plana Florida, construir un nuevo camino es cuestión de cortar las palmeras, limpiar y colocar concreto. Toma uno o dos meses.

> Y el tiempo de construir es ahora, antes de que la lluvia y el viento lleguen.

En Tennessee, cuando las lluvias torrenciales llegan, los caminos no colapsan. En cambio, en la Florida, las inundaciones y los sumideros son tan comunes que difícilmente se convierten en noticia. Por eso, aunque es mucho más fácil construir en la arena, vale la pena un esfuerzo adicional para buscar una roca sobre la cual construir.

Lo creas o no, Jesús habló al respecto.

> Por tanto, todo el que me oye estas palabras y las pone en práctica es como un hombre prudente que construyó su casa sobre la roca. Cayeron las lluvias, crecieron los ríos, y soplaron los vientos y azotaron aquella casa; con todo, la casa no se derrumbó porque estaba cimentada sobre la roca. Pero todo el que me oye estas palabras y no las pone en práctica es como un hombre insensato que construyó su casa sobre la arena. Cayeron las lluvias, crecieron los ríos, y soplaron los vientos y azotaron aquella casa, y ésta se derrumbó, y grande fue su ruina.[1]

Incluso si el proceso de construcción necesita más tiempo e implica un mayor desafío, las cosas esenciales deben ser cimentadas sobre la roca, no en la arena. Y el tiempo de construir es ahora, antes de que la lluvia y el viento lleguen.

> Mi esperanza está basada
> en la sangre de Cristo y su justicia;

no confío en las circunstancias,
sino que descanso por completo
en el nombre de Jesús.

Su promesa, su pacto, su sangre,
me sostienen en medio de la inundación feroz;
cuando todo lo que me rodea se desvanece,
él es mi esperanza y estabilidad.

En Cristo, la roca sólida, estoy firme;
Todo lo demás es arena que se hunde.[2]

¿Cómo se desata el infierno?

Cuando el infierno se desata, puede hacerlo de maneras diferentes. ¿Qué es lo que ha venido a tu mente al reflexionar sobre tus propias experiencias difíciles o las de tus amigos? Démosle un vistazo una vez más a las cosas que pueden provocar esa devastación a la cual le llamamos «el infierno desatándose».

Esto puede suceder por...

Una mala decisión que nosotros hacemos

Hay ocasiones en las que el trauma que estamos enfrentando es un resultado directo de algo que hemos hecho o dejado de hacer.

El relato bíblico del joven descarriado que le dice a su padre que ojalá estuviera muerto, viajando luego de una manera insolente hasta un país lejano y desperdiciando todo su dinero, es la historia de alguien que está en problemas porque sus decisiones lo *colocaron* en ese lugar.

Él se lo buscó.

No obstante, el infierno también puede desatarse por...

Una mala decisión hecha por alguien más

Algunas personas que se encuentran bajo la presión del «infierno desatado» son víctimas. Hace unos años, una madre se sentó en nuestra sala contándole a Bobbie su dolorosa historia de abuso infantil, tanto físico como emocional. Su padre había descargado sobre ella toda su fuerza y su poder superior, devastando a su pequeña hija en búsqueda de su propio placer. Aunque esto había sucedido décadas antes, las cicatrices todavía estaban frescas.

La trágica historia de esta mujer me recuerda la de la moneda perdida en la Biblia.[3] Las monedas no tienen ni la voluntad ni la capacidad de perderse. Ellas no se arrastran hasta un lugar secreto por sus propios medios.

Con todo, debido a la negligencia de sus propietarios, pueden extraviarse. Su problema no es resultado de su propio quehacer.

Además, el infierno puede desatarse por...

Una tragedia no planificada

Cada vez que abrimos el periódico en la mañana o acudimos a nuestro sitio de noticias favorito en la Internet, las historias de devastación y tragedia nos impactan. «Tornados arrasan el Medio Oeste dejando quince muertos». «Director de escuela muere acribillado». «Escalada de violencia en el Medio Oriente». «Complot terrorista descubierto».

En ocasiones, el periódico no es la única fuente de temor. De pronto eres golpeado por una enfermedad que amenaza tu vida. El hijo de tus amigos termina seriamente herido en un accidente automovilístico. Tu casa es robada y las cosas de valor desaparecen.

Las personas que reciben malas noticias del médico, se encuentran en la mira de un caprichoso automóvil que viene en dirección contraria o son el blanco de ladrones, probablemente no hicieron decisiones malas. Pero el infierno que están enfrentando no es menos impactante.

Destrozarte una rodilla en una cancha de baloncesto en medio de un juego, despertarte en medio de la noche con un ataque de cálculos en los riñones, o recibir las sorpresivas noticias de la pérdida de un ser amado, son cosas que también pueden caer dentro de esta categoría de «víctima inocente».

Jesús nos contó la historia de un pastor que perdió una de sus ovejas. A diferencia del joven cuya insubordinación lo metió en problemas o de la moneda perdida, extraviada por el descuido de alguien más, la oveja se alejó de un modo inocente. Un bocado de hierba aquí, otro más apetitoso por allá, uno *más allá*... y pronto la oveja se había perdido en medio de la acción. La oveja no era insolente ni una víctima. Sin embargo, estaba en serios problemas. En realidad, se encontraba en un serio peligro. De no haber sido por el oportuno rescate del pastor, con seguridad tal oveja hubiera sido destrozada por un hambriento depredador.

Cosas en tu pasado

En ocasiones, es útil identificar la razón de la crisis que estás enfrentando. Reconocer la raíz del problema puede ser de mucha utilidad. Sin embargo, por tentador que sea pasar un tiempo analizando los motivos y las razones de nuestros momentos de tragedia, existe el peligro de quedar atrapados en ellos. Obsesionarnos con algo del pasado que no podemos controlar o cambiar es contraproducente. Los «si tan solo» debido a nuestras malas decisiones o la amargura hacia aquellos que abusaron de nosotros no nos proporcionarán ninguna ayuda con lo que tú y yo estamos enfrentando en la actualidad. Y quejarnos de nuestros problemas o pregonar nuestra inocencia no nos transforman.

Alguien dijo con sabiduría que no importa lo que nos sucede; es lo que *sucede* con lo que nos sucede lo que en realidad importa. El origen de la tragedia, la razón por la que el infierno se desata, puede ser algo interesante para hablarlo tomando una taza de café con tu amigo o amiga más cercano. No obstante, lo que tú y yo *hacemos* cuando el infierno se desata es lo que importa.

El apóstol Pablo habla sobre el tema de mirar hacia atrás. Por medio de su propio ejemplo, él nos motiva a no recordar... a dejar atrás nuestros recuerdos. «Olvidando lo que queda atrás y esforzándome por alcanzar lo que está delante, sigo avanzando hacia la meta para ganar el premio que Dios ofrece mediante su llamamiento celestial en Cristo Jesús».[4]

Al leer esto, resulta tentador llamarle a Pablo un idealista alejado de la realidad. Con todo, él no lo es, pues este consejo va precedido de la siguiente frase: «Hermanos, no pienso que yo mismo lo haya logrado ya. Más bien, una cosa hago…».[5]

Es evidente que esta determinación de no mirar hacia atrás ni mantenernos viviendo en el pasado exige mucho esfuerzo. Es difícil hacer a un lado la amargura o el arrepentimiento. ¿Pero qué decide Pablo? Él decide *hacer* algo: «Más bien, una cosa *hago*». *Olvidaré* el pasado.

Cuando el infierno se desata, se retira el recubrimiento para revelar exactamente quiénes somos. C. S. Lewis decía: «Con seguridad, lo que un hombre hace cuando es sorprendido fuera de guardia es la mejor evidencia de la clase de hombre que es».[6] Todavía más, lo que esta persona es, constituye el resultado de lo que sabe y cree. Y lo que sabe y cree proviene de su incansable búsqueda de la verdad.

Mi nivel de éxito futuro cuando el infierno se desate depende de una cosa: cuán bien me he preparado para ese momento *ahora*, mucho antes de que la devastación llegue. Considerar y conocer las cosas esenciales, tenerlas claras, es un plan de juego que nos puede preparar para cualquier eventualidad. Es algo que podemos *hacer*.

> *Mi nivel de éxito futuro cuando el infierno se desate depende de una cosa: cuán bien me he preparado para ese momento ahora, mucho antes de que la devastación llegue.*

Al tratar las siete cosas que debemos tener claras antes de que el infierno se desate he buscado proveer la verdad basada en fundamentos bíblicos. Por supuesto, solo hemos examinado la superficie. Se trata solo del comienzo… pero *es* un comienzo.

Cuando llegue el momento, y *llegará* para ti y para mí, cuando lo inesperado llegue y tu corazón lata con indescriptible pánico, las siete cosas que tienes claras proveerán consuelo y confianza. Como una viga de acero bajo una pesada carga, estas verdades bíblicas sólidas como la roca te sostendrán. Haber construido una vida interior piadosa será la *mejor* preparación.

Dediquemos unos minutos a hacer una revisión.

9. Suéteres, contraventanas y estar listos

N°. 1 Dios es Dios

La verdad que Dios le comunicó desde la zarza ardiente a un inseguro y temeroso Moisés sigue siendo verdad en la actualidad: «YO SOY EL QUE SOY», dijo Dios. Y pudo haber añadido: «Y tú no eres».

Como la seguridad que un niño siente cuando busca la mano de su padre, la seguridad de que no estamos solos es un regalo del gran «YO SOY». Él está aquí y está a cargo.

En 11 de septiembre del 2001, entre las 8:45 de la mañana —el momento en que el vuelo 11 de American Airlines impactó con la torre norte del World Trade Center— y las 10:28, cuando esa torre se desplomó, las múltiples llamadas telefónicas realizadas a familiares y amigos cercanos se estimaron en millones.[7] Las líneas troncales alrededor del mundo fueron exigidas a su total capacidad.

«¿Estás ahí?», se preguntaban unos a otros. «Solo quiero escuchar tu voz». Y aunque los aeropuertos estaban cerrados para cualquier vuelo comercial, millones de estadounidenses ansiosos de reunirse con sus seres amados encontraron maneras de llegar a casa.

En momentos de tragedia, el hecho de que Dios es Dios nos ofrece más refugio del que podemos imaginar, y es justo lo que necesitamos.

Como un padre que cuida a su hijo en el parque infantil, Dios está siempre cuidándonos con ojos llenos de amor. Él es Dios.

«Dios es nuestro amparo y nuestra fortaleza, nuestra ayuda segura en momentos de angustia. Por eso, no temeremos aunque se desmorone la tierra y las montañas se hundan en el fondo del mar».[8]

Dios es el Creador

El hecho de que Dios nos creó nos ofrece una gran seguridad a ti y a mí cuando la tragedia nos golpea. «Porque somos hechura de Dios», nos dice Pablo.[9] Y pudo haber añadido: «No hay nada acerca de nosotros que él no conozca y ame».

El libro que estás sosteniendo en este momento es una «cosa hecha». Mientras te sientas y lo lees, no cabe duda de que *alguien* imprimió sus páginas y las unió hasta formar un libro. Si levantas la mirada de esta página, verás más «cosas hechas». Telas, muebles, artefactos. Alguien que trate de convencerte de que alguna de estas cosas simplemente apareció sin un diseñador y un constructor te hará reír.

Tú y yo somos «cosas hechas» también. Nuestros ojos, nuestros miembros y nuestros órganos internos fueron hechos a la medida, formados por orden de Dios. Él sabe todo sobre nosotros físicamente.

Y no solo creó nuestro físico, sino también diseñó nuestras emociones. Él comprende el gozo y la satisfacción que sentimos, así como también la ansiedad, la ira y el pánico. Ningún sentimiento que tú y yo experimentemos le sorprende. Él nos hizo.

Además, no nos hizo solo a ti y a mí, la vastedad del universo es asimismo creación de Dios, el cual ha sido puesto en su sitio bajo su orden. El brillo del atardecer y la variedad de estrellas que le siguen, los halcones que vuelan en círculo agitando sus alas, y los delicados pétalos de las flores silvestres en el campo al otro lado de tu casa… todos son hechura suya.

Dios es santo

Aunque palabras como *perfecto, puro y apartado* pueden ayudarnos a comprender lo que significa «santo», se quedan cortas. La santidad de Dios, su infalibilidad, es un misterio que no puede ser explicado o comprendido por completo.

Fue la santidad de Dios lo que sobrecogió a hombres y mujeres en la Biblia, haciendo que inclinaran sus rostros hasta el suelo en su abrumadora presencia.

Imagínate cómo tú o yo nos sentiríamos si mañana por la mañana entramos a la cocina y encontramos a Jesucristo sentado a la mesa, revolviendo con calma una taza de café y esperando por nosotros. Nos quedaríamos sin habla. Sobrecogidos. La experiencia de ver su magnificencia sería más de lo que podemos soportar. La Biblia está llena de historias de personas que se sintieron abrumadas simplemente por estar en la presencia santa de Dios.

Nuestra cultura ama los superlativos. Docenas de ciudades, al parecer, pregonan tener el más grande centro comercial del mundo. Algunos atletas destacados en cada deporte importante son a menudo postulados por los expertos como «el mejor de la historia en su práctica deportiva», y varios hospitales grandes pretenden ser «el mejor en el país» cuando se refieren a su personal médico. Amamos los superlativos.

Cuando los problemas llegan, un Dios santo es el especialista más calificado en el cosmos. Su perfección es segura. Conocer su carácter y apoyarse en él cuando llega la crisis nos proporciona una inexpresable seguridad. Él es lo mejor de la eternidad. Nadie ni nada se le iguala. Dios es santo.

Dios es soberano

Dios está activo y participa en su creación, veinticuatro horas al día, siete días a la semana. Él no solo hizo nuestros cuerpos. Su participación continúa un momento tras otro. Así como lo leyeron en un capítulo anterior, cada vez que comemos, él transforma nuestro alimento: convierte las cosas muertas (fruta, carne, granos, verduras y malvaviscos) en combustible. Cuando inhalamos, él le dice a nuestros cuerpos exactamente qué hacer con el aire que acabamos de respirar. Cuando nuestros hijos se raspan las rodillas, su poder sanador entra en acción y crea una costra para que la herida tenga una cubierta protectora. Y cuando vamos a la cama, exhaustos por completo, nos despertamos a la mañana siguiente sintiéndonos descansados porque él nos restauró durante la noche. Estas acciones son parte del milagro creativo *continuo* que Dios lleva a cabo en nuestros cuerpos.

Dios está involucrado en las actividades y sucesos de nuestras vidas y el mundo. Lo conoce todo. Él otorga su consentimiento personal y ordena su secuencia. En ocasiones, su permiso incluye aquellas cosas que nos parecen como si el infierno se hubiera desatado. No obstante, por terrible que el momento parezca para nosotros, Dios nunca se siente sorprendido. Nunca. Él sabía que esto sucedería. Ya ha estado antes ahí.

Dios nos hizo y todavía está involucrado.

Dios es misericordioso

De todos los atributos que hemos descrito, su misericordia es lo más reconfortante, en especial, cuando la calamidad golpea nuestra puerta. El hecho de que Dios esté presente provee consuelo y seguridad. El hecho de que sea santo acrecienta nuestra estimación por él. El hecho de que sea el Creador aumenta nuestro asombro. Y el hecho de que sea soberano nos asegura que la vida tiene un orden. La misma no consiste en una secuencia de casualidades sin significado.

> *Es la misericordia de Dios lo que llena nuestros corazones de confianza.*

Sin embargo, es la misericordia de Dios lo que llena nuestros corazones de confianza.

El rey David, que sabía algo con relación al infierno desatándose, plasmó su seguridad en una canción:

> El Señor es clemente y compasivo,
>   lento para la ira y grande en amor.
> No sostiene para siempre su querella
>   ni guarda rencor eternamente.
> No nos trata conforme a nuestros pecados
>   ni nos paga según nuestras maldades.
> Tan grande es su amor por los que le temen
>   como alto es el cielo sobre la tierra.
> Tan lejos de nosotros echó nuestras transgresiones
>   como lejos del oriente está el occidente.
> Tan compasivo es el Señor con los que le temen
>   como lo es un padre con sus hijos.
> Él conoce nuestra condición;
>   sabe que somos de barro.[10]

Aunque Dios tiene el derecho y el poder para ser inmisericorde, en especial cuando nuestro desastre es producto de nuestras propias acciones, está lleno de amor. Él es comprensivo y paciente con nosotros.

La primera cosa a tener clara es que Dios es Dios. Esto coloca los cimientos para estar listos.

Nº. 2 La Biblia es la Palabra de Dios

Recordarás que, con más de treinta billones de copias impresas, la Biblia es el libro más vendido de todos los tiempos. ¿Y por qué se venden los libros más vendidos? Debido a los comentarios, porque una persona le comenta a otra con emoción con respecto al libro.

Fue mi privilegio vivir en un hogar donde la Biblia era valorada, pero las historias que leí en *El libro de los mártires de Foxe* siendo niño me proporcionaron una reverencia especial por la Palabra de Dios. Personas reales —padres, madres e hijos— fueron quemadas en las estacas porque se rehusaron a dejar de traducir, imprimir, distribuir o leer la Biblia. Ellos no negarían la verdad de las Escrituras.

La persecución no ha desaparecido, incluso en un mundo contemporáneo. En el 2006, unos pocos años después de que las fuerzas estadounidenses y de la coalición vencieran a los talibanes, brindándole a Afganistán una libertad que no había conocido por generaciones, Abdul Rahman, de cuarenta y un años, fue arrestado por las autoridades afganas y sentenciado a muerte. ¿Su crimen? Poseer una Biblia. La mayoría de los expertos está de acuerdo en que, sin la enérgica protesta de los países que se habían sacrificado para liberar a Afganistán, Rahman hubiera sido decapitado. Resultó que fue liberado y exiliado de inmediato a Italia, aduciéndose que estaba mentalmente enfermo. Nada en Afganistán era más peligroso que poseer una Biblia, incluyendo la posesión de drogas ilegales y explosivos.

¿Por qué esto es así? Debido a que nada es más peligroso que la Palabra de Dios. La misma les presenta a las personas al

Dios que *es*. La Biblia tiene el poder de condenar al culpable y redimir al perdido. Nos habla de una humanidad caída, atada a una eternidad sin esperanza, y de un Salvador redentor. La Biblia libera a la gente de la condena y provee un plan para escapar de su cautiverio.

Así como son de importantes las indicaciones dadas a las personas en la cubierta de un barco que naufraga, la Biblia es el manual de instrucciones indispensable de Dios. Representa su verdad.

Nº. 3 La humanidad está eternamente perdida y necesita un Salvador

Las historias acerca de perderse pueden estar llenas de una gran frivolidad. Sin embargo, *estar* perdidos no es un asunto como para reírse.

El mensaje de la perdición universal de la humanidad es algo difícil de aceptar. Colmamos estadios para escuchar a entusiastas conferencistas hablarnos acerca de nuestro gran potencial sin explotar. Montones de materiales de superación personal son vendidos a los que aspiran a convertirse en personas de negocios. Las grandes corporaciones auspician reuniones de motivación para inspirar a sus empleados a alcanzar la productividad e incrementar las ventas.

Todo clérigo se ve tentado a llenar sus iglesias predicando un evangelio de «tú puedes hacerlo» y «la fe es divertida, satisfactoria y buena para ti». La perdición y el pecado sencillamente son cosas difíciles de admitir.

No obstante, reconocer nuestra hambre nos lleva a la mesa para comer, y confesar nuestros pecados nos conduce hasta el Salvador. Este es un ingrediente esencial en nuestra preparación para cuando de manera inevitable el infierno se desate.

De modo irónico, la desesperación y la impotencia que podamos *sentir*, en especial en medio de una crisis, son un *hecho* todo el tiempo. Incluso cuando todo parece marchar sin problemas. Sin un Salvador, estamos perdidos. Ser promovidos, comprar un nuevo carro, celebrar un cumpleaños con los amigos, ganar el gran juego, convertirse en padre por primera vez... todas estas son experiencias maravillosas. Con todo, las mismas en ocasiones pueden ocultar nuestro sentido de estar perdidos.

El clima frío está llegando; empaca tu suéter. Un huracán está en camino; protege tus ventanas.

Tú y yo estamos perdidos. Necesitamos un Salvador.

N°. 4 Jesucristo murió para redimir a la humanidad

Hace muchos años atrás unos amigos nos invitaron a Bobbie y a mí a tomar su pequeño bote, un velero *Sunfish*, y salir a navegar por el lago Michigan. Si nunca has visto uno, esta embarcación consiste esencialmente en una gran tabla de surfear con una vela grande y triangular.

Nosotros éramos recién casados y decidí salir de excursión sin hacer preguntas. Preguntas básicas como por ejemplo: «¿Cómo alguien que nunca lo ha hecho sale a navegar?». Supongo que no pregunté esto porque estaba demasiado ansioso por impresionar a mi esposa. No fue una buena decisión.

El día estaba claro y la brisa era cálida y adecuada para una pequeña embarcación como la nuestra. Sin embargo, la experiencia fue un fiasco. No pude conseguir que el bote hiciera nada bien. Solo mi vergüenza eclipsó mi frustración. Inventando algunas excusas pobres en cuanto a por qué la tabla-vela se rehusaba a trabajar de modo adecuado, dejé el bote a un lado y regresé a casa.

Al día siguiente, el propietario llamó para ver cómo nos había ido en nuestra aventura. Yo admití sentir «alguna frustración».

«¿Bajaste la tabla de balance del bote?», me preguntó el propietario.

Sin ser lo suficiente rápido para ocultar mi ineptitud, repliqué: «¿Qué tabla de balance?».

Jesucristo es la tabla de balance de la historia. Cada vez que tú y yo escribimos la fecha y el año, afirmamos este hecho. Los datos históricos previos a su nacimiento son registrados como «a.C.» o «antes de Cristo». Los años a partir de su nacimiento son conocidos como «d.C.», «después de Cristo», o *anno Domini*: el año de nuestro Señor. Su llegada a la tierra como un bebé divide la historia.

> *La vida, muerte y resurrección de Jesucristo nos provee el perdón eterno para nuestro pecado —siendo rescatados de nuestra perdición— y paz con un Dios santo.*

En la actualidad, Jesús provee estabilidad y dirección ante los vientos cruzados y los peligros de la vida. Él nos da confianza, seguridad, poder, tranquilidad y fortaleza cuando el infierno se desata.

La vida, muerte y resurrección de Jesucristo nos provee el perdón eterno para nuestro pecado —siendo rescatados de nuestra perdición— y paz con un Dios santo. La vida sin Jesús es una vida sin dirección, sin compañía... sin un Salvador.

La vida sin Jesús significa enfrentar la tragedia sin contar con una tabla de balance.

N°. 5 LA GRACIA Y LA FE SON REGALOS

Durante los inicios de mi carrera, escribir el texto publicitario y las sinopsis para las portadas de los libros era una de mis tareas. La experiencia me enseñó a hacer la pregunta: «¿Y qué?».

Si un cliente o un potencial comprador del libro no podían encontrar la respuesta a esta pregunta en la primera o segunda oración, el libro volvía a la mesa de trabajo.

Una persona honesta e inquisitiva podría leer que «Dios es Dios» y la «Biblia es la Palabra de Dios». Podría darse cuenta de que está «perdida y necesita un Salvador», así como de que «Jesucristo es Dios». Incluso es posible que tal persona estuviera de acuerdo en que estas cosas son ciertas y aún así preguntara: «¿Y qué?».

Sin embargo, recibir los regalos de la gracia y la fe lo cambia todo. Con la fe y la gracia, la información contenida en los primeros cuatro principios se vuelve personal. El Dios de la creación es *mi* Padre celestial. La Palabra de Dios *me* cuenta su his-

9. Suéteres, contraventanas y estar listos

toria y descubre la verdad sobre *mi* pecado y salvación. Yo recibo su gracia. Y como una tarjeta de identificación colocada sobre la mesa en una elegante cena, su gracia tiene *mi* nombre en ella.

Si suena egocéntrico, no lo es. La gracia de Dios debe ser derramada en tu corazón primero. Incluso los asistentes de vuelo te dicen que te pongas primero la máscara de oxígeno antes de ayudar a otros a colocársela.

No obstante, recibir este regalo personalizado de la gracia requiere de fe.

Jesús contó la historia de una mujer, una viuda, que había sido víctima de una injusticia por parte de un adversario. Ella se presentó ante un juez malvado y le expuso su caso. Un día tras otro esta mujer ignoró cualquier recato, haciendo todo lo que podía para obtener la atención del juez. Así, por mucho que lo intentara, el petulante juez no podría ignorarla. En realidad, la Biblia dice que el juez temía que le hiciera «la vida imposible» con su persistencia.[11] Así que cedió y escuchó su caso, otorgándole la imparcialidad que ella merecía.

Entonces Jesús señaló: «Tengan en cuenta lo que dijo el juez injusto. ¿Acaso Dios no hará justicia a sus escogidos, que claman a él día y noche? ¿Se tardará mucho en responderles? Les digo que sí les hará justicia, y sin demora. No obstante, cuando venga el Hijo del hombre, ¿encontrará fe en la tierra?»[12]

Al contar la historia, Jesús no criticó a la mujer debido a que alegó por ella y no por otras personas. Ella reclamaba la atención del juez para *su* caso y creía que él escucharía *su* petición. Y Jesús le llamó a su persistencia *fe*.

«No tengo esa clase de fe», tal vez dirás. Por supuesto que no. Pero Dios se la *dará* al que se la pida. Como la gracia, la fe es un regalo que espera ser recibido. Y cuando recibimos el regalo de la fe, la verdad se vuelve una experiencia personal.

He aquí cómo sucede: «Si confiesas con tu boca que Jesús es el Señor, y crees en tu corazón que Dios lo levantó de entre los muertos, serás salvo. Porque con el corazón se cree para ser justificado, pero con la boca se confiesa para ser salvo».[13]

Nº. 6 Creer y obrar van unidos

El argumento ha desafiado a los eruditos bíblicos a lo largo de la historia. ¿Es la fe más importante que las buenas obras, o son las buenas obras más importantes que la fe?

La respuesta es ambos casos es afirmativa.

Lo que tú y yo creemos no puede —y no debe— estar separado de la manera en que actuamos. Lo que proclamamos como verdad debe tener un impacto visible en nuestro comportamiento. Como Don Quijote bromeaba: «La prueba del pudín se hace comiendo».[14]

«Muéstrame tu fe sin las obras», dijo el apóstol Santiago, haciéndose eco de esta idea, «y yo te mostraré la fe *por* mis obras».[15]

Aunque es muy importante creer en Dios, la Biblia y Jesucristo, ¿cuál es el valor de estas creencias si nuestras vidas no tienen una correspondencia y no son por completo consecuentes? Nuestra fe no se oculta cuando nos enfrascamos en una «acalorada discusión» con nuestro cónyuge. Ahí es donde debería *mostrarse*.

Nuestra fe no se aleja de puntillas cuando andamos con nuestros amigos por la ciudad. Ahí es donde debería *mostrarse*.

No pulsamos la tecla de borrar en cuanto a nuestras creencias cuando estamos sentados frente a la pantalla de nuestra computadora. Ahí es donde deberían *mostrarse*.

Nuestra fe no se va a hibernar cuando el infierno se desata. *Ahí* es donde debería mostrarse.

«Cuando el Espíritu Santo controla nuestras vidas», escribió Pablo, «*él* producirá esta clase de fruto en nosotros: amor, alegría, paz, paciencia, amabilidad, bondad, fidelidad, humildad y dominio propio».[16]

Poseer esta desafiante lista de características no nos hace creyentes. Pero si tú y yo *somos* seguidores de Cristo, nuestras vidas deberían estar marcadas por completo por tal conducta distintiva e integral. Y el trabajo que está involucrado no es de la clase que te consume, como cuando estamos trotando esos últimos metros. El «trabajo» está en entregarle el control al Espíritu de Dios, él hace el resto.

9. Suéteres, contraventanas y estar listos

Como los ingredientes colocados en un tazón y «batidos hasta que tengan consistencia», nuestras creencias y nuestras obras se convierten en cosas que no se pueden distinguir unas de otras. Nuestras creencias definen la forma en que pensamos. Y nuestros pensamientos han sido transformados porque hemos recibido el regalo de Dios de la fe. Por ejemplo, la evidencia de que hemos recibido este regalo se muestra en la forma en que hablamos y actuamos con los demás, incluyendo nuestros cónyuges e hijos.

Ninguna cámara escondida debería poder contradecir lo que decimos que somos. E incluso en la agonía de los escenarios sobre los que hemos hablado en el capítulo inicial, nuestro comportamiento cuando el infierno se desate debería ser consecuente con lo que tú y yo decimos que somos —y con la forma en que actuamos— en lo cotidiano.

Esto es en verdad importante. Antes de rendirte y pensar: *En realidad yo no soy una persona cristiana porque sigo arruinándolo todo*, escucha la provisión de Dios una vez más. Debido a que hemos recibido los regalos de Dios de la gracia y la fe, tenemos el poder de regresar al camino cuando fallamos. Reconocemos a Dios por quién es él; admitimos que la sangre de Jesucristo lava nuestro pecado; nos arrepentimos; recibimos con gratitud su gracia; y pedimos su poder para ser y hacer lo que él desea.

Nº. 7 La iglesia es idea de Dios

Mucho de lo que hemos discutido involucra nuestras creencias y actividades individuales, pero una vez que lo fundamental está en su lugar, es bueno señalar que nunca se pretendió que la vida cristiana se viviera de forma aislada. Como un pelotón atacando la posición enemiga en tiempos de guerra, tenemos la fuerza para unirnos a otros compañeros soldados en nuestro caminar de fe, ya sea para enfrentar una crisis o celebrar juntos.

Esa es la iglesia. Vivir en una comunidad especial de amigos divertidos en los buenos tiempos y rodeados de la élite de las fuerzas especiales cuando estamos bajo fuego, es idea de Dios. «El hierro se afila con el hierro, y el hombre en el trato con el hombre».[17]

Nuestra iglesia local es el lugar donde encontraremos este «hierro».

Santiago añade más de la sabiduría de Dios: «Confiésense unos a otros sus pecados, y oren unos por otros, para que sean sanados. La oración del justo es poderosa y eficaz».[18]

Tú y yo encontraremos amigos «justos» en la iglesia, gente con la que podemos reunirnos, en quien apoyarnos, y con la cual crecer juntos. Estos son los camaradas que orarán por nosotros y por quienes nosotros oraremos. La iglesia es el lugar donde se nos enseña la verdad, donde somos motivados, fortalecidos y sanados. Gracias a la iglesia, tú y yo nunca enfrentaremos la tragedia sin el consuelo de tener personas a nuestro lado para compartir el dolor.

Según el plan soberano de Dios, Jesucristo vino a la tierra y reunió a doce hombres a su alrededor para compartir la experiencia de caminar juntos. En realidad, Jesús era capaz de cumplir su tarea por sí solo. Y no caben dudas de que existieron momentos en que los discípulos más bien estorbaron. Sin embargo, Jesús estableció el ejemplo de cómo nuestra jornada con él debería ser experimentada, y la misma no era a solas. Era en comunidad.

Al igual que pretender enfrentar un huracán solo es una idea muy mala, vivir nuestras vidas de una manera aislada nunca funcionará. La iglesia es idea de Dios.

Siempre listos

Muchos años atrás, mientras me preparaba para enseñar las «siete cosas», imaginaba que algunos vecinos habían formado una pandilla juntos. Este grupo había venido a la puerta delantera de nuestra casa con una solicitud.

«Sabemos que eres cristiano», decía el vocero en este escenario imaginario cuando yo abría la puerta. «La mayoría de nosotros hemos jugado con el cristianismo, pero nos gustaría disponernos a aprender en serio y que *tú* nos enseñes lo básico de la fe cristiana».

Así que la visión de este material era hacer que la esencia de las creencias cristianas fuera comprensible, memorable y enseñable.

9. Suéteres, contraventanas y estar listos

El principio operativo provino de la amonestación del apóstol Pedro en su primera carta a la iglesia naciente. «Honren en su corazón a Cristo como Señor. Estén siempre preparados para responder a todo el que les pida razón de la esperanza que hay en ustedes».[19] Ser capaz de responderles a los vecinos imaginarios en nuestro porche delantero me motivó a intentar condensar lo básico y dividirlo en pequeñas secciones. No obstante, ayudar a otros a prepararse para enseñar lo mismo fue aun más emocionante.

Así que digamos que la pequeña tropa de vecinos está parada en *tu* porche delantero. Su vocero oficial te está preguntando si estarías dispuesto a hablarles de lo básico en cuanto a la fe cristiana. Nuestra discusión de las siete cosas te ha preparado para esto. No tienes que correr a esconderte, deseando con desesperación que alguien más abra la puerta cuando tus vecinos se presenten.

No, no hay necesidad de correr y ocultarse. Estás listo. Justo ahora.

Otra manera de estar listos

Ahí está el suéter en tu maleta listo, las contraventanas para la tormenta listas, la construcción sobre la roca lista. A esta clase de preparación se refiere el que pronostica el clima en el canal del tiempo cuando nos dice que una tormenta se avecina, la clase de preparación que nos hace colocar un extintor de incendios en un sitio muy accesible, que nos induce a que le enseñemos a nuestro hijo menor cómo marcar el número de emergencias.

Por maravilloso que sea que tus vecinos toquen la puerta y tú estés preparado para hablar sobre tu fe, también hay otra manera de estar «listos».

> *Listos es lo que tú y yo debemos estar antes de que el infierno se desate.*

Listos es lo que tú y yo debemos estar antes de que el infierno se desate. Listos con un corazón bien equipado para cuando la crisis llegue.

Por supuesto, el gran desafío es ponernos directamente en función de la crisis antes de que en verdad estemos ahí. Es *no* esperar hasta que sea demasiado tarde para tener estas cosas claras, demasiado tarde para lanzar nuestro plan de emergencia, porque estamos en medio de un desastre... y no *tenemos* un plan.

Después de los ataques del 11 de septiembre del 2001, los senadores y congresistas de los Estados Unidos se reunieron en las escalinatas del Capitolio. El infierno se había desatado: dos de los más altos edificios del mundo yacían en el suelo convertidos en escombros, el Pentágono estaba ardiendo, y un plácido campo de Pennsylvania se había convertido en el cementerio de algunos héroes.

El cuerpo legislativo más poderoso sobre la faz de la tierra a la larga establecería un plan para una respuesta militar, pero antes de que eso sucediera, ellos elevaron sus voces.

«Dios bendiga a América», cantaron, «tierra que amo. Quédate a su lado y guíala en la noche con la luz que proviene de lo alto».[20]

¿Fue esto el pináculo de la ingenuidad colectiva o lo más importante que estos poderosos hombres pudieron haber hecho? ¿Estaban estos hombres capitulando ante el enemigo, o pedirle ayuda a Dios fue la postura más agresiva que pudieron haber asumido, incluso más directa que declarar la guerra?

Estar listos significa que cuando la crisis golpea, nosotros no solo hacemos *algo* para sobrellevarla, sino que hacemos la *mejor cosa* que podemos pensar o hacer.

Para los inexpertos, cantar un antiguo himno acerca de la bendición de Dios en las escalinatas del Capitolio luego de una devastación sin precedentes puede parecer la táctica de una nación sin carácter. Pero no lo es.

Tener un puñado de cosas claras como preparación para cuando el infierno se desate en nuestras vidas podría parecer una maniobra negativa. No lo es.

Una nueva clase de peligro

Las más graves y peligrosas dimensiones del terrorismo alrededor del mundo se encuentran encapsuladas en dos palabras: *hombres bomba*.

Décadas antes de que supiéramos de esta horrible estrategia de guerra, James A. Baldwin resumió la amenaza de la siguiente manera: «La más peligrosa creación de cualquier sociedad es el hombre que no tiene nada que perder».[21]

En la Biblia, el gigante Goliat sabía algo con relación a este peligro. Una mañana en el valle de Ela, este imponente guerrero se paró en descarado desafío ante el ejército del Dios viviente. Por desdicha para su ejército, Goliat había definido satisfactoriamente el juego. Mi poder contra su poder. Mi armadura contra su armadura.

David le gritó a Goliat: «Tú vienes contra mí con espada, lanza y jabalina, pero yo vengo a ti en el nombre del Señor Todopoderoso, el Dios de los ejércitos de Israel, a los que has desafiado».[22]

David sabía lo que tú y yo sabemos.

Prepararnos para el infierno que llegará a impactarnos significa solo una cosa… aferrarnos a lo que es cierto: lo que sabemos acerca de Dios y su Palabra, lo que creemos acerca de nuestra condición de personas perdidas, nuestra fe en el poder redentor de Jesús para salvarnos y la fortaleza colectiva de su pueblo reunido.

No hay nada más que necesitemos. Esta es una verdad por la que vale la pena morir.

Ante la traición que le acechaba, el apóstol Pablo dio su golpe maestro. Anunció su propia defensa ante el peligro que le aguardaba en prisión o en la guillotina del verdugo. «Ya no vivo yo», declaró, «sino que Cristo vive en mí».[23] «Adelante, *dejen* que el infierno se desate», declaró desafiante Pablo. «No me pueden matar. ¡Yo ya estoy muerto!».

Cuando estas verdades son nuestras, tú yo tenemos todo que ganar y nada que perder, incluso durante una gran crisis o una presión inconcebible.

Cuando niño, acostado boca abajo detrás de la silla tapizada y leyendo el libro de *Foxe*, me llené de admiración por la gente que enfrentó con valentía su propia muerte en lugar de sucumbir a las negociaciones de sus captores. Estos mártires se unieron a muchos héroes que habían partido antes y que se convirtieron en un testimonio que me anima.

> ¿Qué más voy a decir? Me faltaría tiempo para hablar de Gedeón, Barac, Sansón, Jefté, David, Samuel y los profetas, los cuales por la fe conquistaron reinos, hicieron justicia y alcanzaron lo prometido; cerraron bocas de leones, apagaron la furia de las llamas y escaparon del filo de la espada; sacaron fuerzas de flaqueza; se mostraron valientes en la guerra y pusieron en fuga a ejércitos extranjeros. Hubo mujeres que por la resurrección recobraron a sus muertos. Otros, en cambio, fueron muertos a golpes, pues para alcanzar una mejor resurrección no aceptaron que los pusieran en libertad. Otros sufrieron la prueba de burlas y azotes, e incluso de cadenas y cárceles. Fueron apedreados, aserrados por la mitad, asesinados a filo de espada. Anduvieron fugitivos de aquí para allá, cubiertos de pieles de oveja y de cabra, pasando necesidades, afligidos y maltratados. ¡El mundo no merecía gente así! Anduvieron sin rumbo por desiertos y montañas, por cuevas y cavernas.[24]

Fortalecidos solo por lo que sabían que era cierto y su fe para enfrentar al infierno mismo, estos individuos cambiaron el curso de la historia.

Ahora tú y yo nos uniremos a ellos.

Reconocimientos

Hasta que entré en el negocio de las publicaciones en 1976, no recuerdo haber leído nunca los agradecimientos de un libro. Según recuerdo, pasaba con rapidez esta página, junto con la del título y la que contiene letras microscópicas que incluyen una fascinante información, como los datos de publicación del Catálogo de la Biblioteca del Congreso y el número de ISBN. Saltarme estas páginas me daba la sensación de estar avanzando en el libro.

Sin embargo, con más de treinta años en el negocio de las publicaciones, he leído la página de agradecimientos prácticamente de cada libro que he tocado desde ese entonces.

De muchas formas, estas páginas son una carta secreta de amor para las personas cuyos nombres tal vez deberían aparecer en la portada, junto con el nombre del autor. Así que, con mi más profunda gratitud, deseo agradecer...

A mi esposa Bobbie. Por favor confía en mí, este no es el agradecimiento predecible para una esposa. Bobbie es, en cada forma posible, mi compañera al escribir. No hay una sola palabra u oración en este libro que ella no haya examinado junto conmigo. En las partes donde el libro es claro, preciso y comprensible, Bobbie se lleva el crédito. Si hay lugares donde no está claro, es porque yo gané la polémica y no debí haberlo hecho. Bobbie es una voraz estudiante de la Biblia y una muy confiable tabla de salvación en cada idea presentada aquí. Me siento muy agradecido con ella.

A mis sobrinos Andrew y Erik Wolgemuth, a quienes está dedicado este libro. Estos hombres se unieron a nuestra firma algunos meses antes de iniciar la elaboración de este texto. Y ellos me cubrieron en las mañanas durante cinco meses para que pudiera tener mi puerta cerrada y escribir. Gracias a Andrew y Erik y sus esposas, Chrissy y Kendal.

A la clase de la Escuela Dominical Adventure, en Nashville, y la clase de la Escuela Dominical Upstream, en Orlando, que son responsables de que su maestro compilara este material. Clases llenas de amigos como Mark y Pam Oldham, para quienes el infierno se desató sobre sus vidas después de haber estudiado este material. Ellos vivieron para narrar su historia, la cual encontrarás en el prefacio.

A muchos amigos cuyos nombres e historias también encontrarás aquí, amigos que me han dado su permiso para contarte acerca de su singular fe y coraje. Estoy profundamente agradecido con cada uno de ellos.

A otros amigos como el Dr. Ken Boa y Ken Carpenter, que leyeron los primeros manuscritos y me otorgaron sus opiniones sinceras.

Probablemente has notado que la mayoría de las casas editoriales llevan nombres de personas. Hay una buena razón para ello, ya que este es un negocio en sociedad. Un escritor solitario se sienta frente a su procesador de palabras (pergamino, máquina de escribir u hoja de papel), y luego le entrega el manuscrito al editor. Esta persona se lleva el borrador, lo edita, lo compone, lo empaca, lo cataloga, lo manufactura y lo distribuye.

Mis amigos en Thomas Nelson (ves a lo que me refiero) hicieron exactamente eso. Bryan Hampton y Jonathan Merkh insistieron en que escribiera este libro. Ahora les agradezco. Bryan Norman, el editor en jefe o malabarista del proyecto, es en ocasiones como el hombre que intenta manejar la guardería en la iglesia. Y en ocasiones yo soy el niño de dos años que llora de modo inconsolable. Gracias Bryan por tu ternura, paciencia y consumado profesionalismo. Y a mi amiga Tamy Heim, que maneja toda la división de publicaciones en Nelson. Gracias.

A Belinda Bass por el excelente diseño de portada (una vez más); Greg Stielstra, que ha olvidado más sobre el mercadeo de libros de lo que yo jamás he sabido; Curt Harding y Brandi Lewis en el equipo de mercadeo, y su jefe Jerry Park, a quien quiero como un hermano.

Al equipo de ventas de Nelson, encabezado por Mark Schoenwald, gran profesional y querido amigo. A Gary Davidson, Scott Harvey, Rich Shear y todos los fieles hombres y mujeres en el frente. Gracias.

A Mike Hyatt, director ejecutivo de Thomas Nelson, con quien comparto un cerebro —y una chequera en nuestro propio negocio— durante casi dieciséis años. Mike es uno de los más preciosos regalos que Dios me haya hecho.

Finalmente, gracias a ti (asumiendo que todavía estés leyendo). Por supuesto, no hay forma de que conozca tu situación o la razón por la que un libro con este título haya llegado hasta tus manos. Pero lo ha hecho. Y mi honesta oración es que algo de lo que leas aquí te proporcione una información útil, motivadora y llena de esperanza. En especial de esperanza.

Gracias.

NOTAS

INTRODUCCIÓN
1. John Rippon, «How Firm a Foundation», verso 4, *A Selection of Hymns from the Best Authors*, 1787.
2. En 1985, Julie se realizó una operación reconstructiva en su pie en el Hospital de Niños de Vanderbilt.

CAPÍTULO 1
1. Haz una búsqueda en Google del término «Clutch Hitting» y encontrarás una página tras otra para leer relacionadas más con los aviones de la NASA que con el béisbol. Estos sujetos son *serios* en cuanto a los momentos difíciles.
2. 1 Reyes 2:1-3.
3. www.alienryderflex.dom/gyroscope/
4. John Foxe, *El libro de los mártires de Foxe* (1516-1587).
5. Hebreos 11:8-10.
6. Hebreos 11:11-12.
7. Hebreos 11:17-19.
8. Hebreos 11:33.
9. Hebreos 11:38.
10. Hechos 1:8.
11. Hechos 6:5.
12. Ann Spangler y Robert Wolgemuth, *Men of the Bible: A One Year Devotional Study of Men in Scripture*, Zondervan, Grand Rapids, 2003, p. 427.
13. Íbid.
14. John Rippon, «How Firm a Foundation», verse 3, *A Selection of Hymns from the Best Authors*, 1787.

CAPÍTULO 2
1. Éxodo 3:6.
2. Éxodo 3:14. En la mayoría de las versiones, estas palabras están en mayúsculas, como aparecen aquí. La mayor parte de los eruditos concuerda en que esto se debe a que Dios no bajó la voz cuando dijo estas palabras. No debería ser necesaria ninguna otra explicación.
3. 2 Crónicas 16:9.
4. Génesis 1:1.
5. Efesios 1:4.
6. Salmo 19:1.
7. Quentin Smith, «Big Bang Cosmology y Atheism: Why the Big Bang Is No Help to Theists», revista *Free Inquiry*, p. 18, No. 2, disponible en www.secularhumanism.org/index.php?section=library&page=smith_18_2.

8. Derek Parfit, «Why Anything? Why This?», *London Review of Books*, 22 de enero de 1998, p. 24.
9. James MacDonald, *Downpour: He Hill Come to Us Like the Rain*, Broadman & Holman Publishers, Nashville, 2006, p. 50. Hay edición en español con el título *Como la lluvia: Un encuentro con Dios que te empapará de gozo*.
10. 1 Timoteo 6:15-16.
11. Isaías 6:4-5.
12. Marcos 4:39.
13. Marcos 4:35-40.
14. 1 Reyes 19:11-12, énfasis añadido.
15. Stuart Hamblen, «How Big Is God?», del álbum *Of God I Sing*, Canyon Country, California, 1962.
16. Aunque el siguiente capítulo trata de personas que ven el mundo de esta manera, permíteme por lo menos decir que no creo que estos eruditos no sean inteligentes. A menudo me asombro de su brillantez al leer sus escritos. Sin embargo, sí pienso que están equivocados, pues creo que sin fe están perdidos.
17. Efesios 2:8-9.
18. Job 42:2,5.
19. Salmo 103:13-14.
20. 2 Crónicas 7:3.
21. Jonás 4:2.
22. Efesios 2:4-5.
23. 2 Corintios 5:14 (RVR-60), énfasis añadido.

Capítulo 3

1. Russell Ash, *The Top Ten of Everything 2002*, Penguin Books Ltd., Nueva York, 2001.
2. Mis otros escritos incluyen las notas para *The Devotional Bible for Dads*, Zondervan, Grand Rapids, 1998; *What's in the Bible*, con el Dr. R. C. Sproul, W Publishing Group, Nashville, 2000; *Men of the Bible*, con Ann Spangler, Zondervan, Grand Rapids, 2003; y *Padres de la Biblia*, Editorial Vida, Miami, 2008.
3. Foxe, *El libro de los mártires de Foxe*, capítulo 12.
4. Íbid.
5. Algunos eruditos católicos romanos creen que el clero de la época de Tyndale estaba también preocupado por lo que ellos percibían como inexactitudes en su traducción. Sin embargo, no discuten el hecho de que sus colegas del siglo dieciséis pudieron haber sido un poco más diplomáticos con él.
6. Foxe, *El libro de los mártires de Foxe*, capítulo 15.
7. Marvin J. Rosenthal, revista *Zion's Fire*, marzo/abril 2006, p. 5.
8. Esta es la razón por la que muchos eruditos evangélicos y maestros de la ley le atribuían absoluta precisión a la Biblia «en sus manuscritos originales». Al parecer, los autores de los libros bíblicos estaban bajo la inspiración

divina del Espíritu Santo. Los escribas eran personas ordinarias que hacían su mejor esfuerzo

9. F. F. Bruce, *The New Testament Documents*, Wm. B. Eerdmans Publishing Company, Grand Rapids, 2003, p. 11. Hay edición en español con el título *¿Son fidedignos los documentos del Nuevo Testamento*.
10. James MacDonald, *God Wrote a Book*, Crossway Books, Wheaton, IL, 2002, p. 20.
11. Norman Geisler y William Nix, *A General Introduction to the Bible: Revised and Expanded Edition*, Moody Press, Chicago, 1986, p. 408.
12. Encontrarás que el libro de Norman Geisler y William Nix, *A General Introduction to the Bible*, Moody Press, Chicago, 1968, es útil al dar detalles específicos de cómo estos manuscritos dispares se reunieron para dar como resultado la Biblia que ahora leemos.
13. Salmo 72:9.
14. Salmo 72:10, 15.
15. Isaías 9:6.
16. Isaías 7:14 (RVR-60).
17. Miqueas 5:2.
18. Génesis 2:24-25.
19. Efesios 5:21-22, 25; 6:1-2, 4.
20. Colosenses 3:22-23; 4:1 (RVR-60).
21. Santiago 2:8-9.
22. Mateo 25:37-40.
23. Filipenses 4:12.
24. Lucas 16:10-13.
25. 1 Timoteo 6:10.
26. R. T. Barnum, *The Art of Money Getting*, Kessinger Publishing Company, Whitefish, MT, 2004, p. 12.
27. Benjamin Rush, *Essays: Literary, Moral y Philosophical*, «A Defence of the Use of the Bible as a School Book», 1798, p. 94, disponible en: http://deila.dickinson.edu/cgi-bin/docviewer.exe?CISOROOT=/ownwords&CISOPTR=19843.
28. Véanse los emblemas universitarios de Harvard, Yale y Princeton.
29. Josué 1:8-9.
30. 2 Timoteo 3:16-17.
31. Juan 8:31-32.
32. C. S. Lewis, *The Problem of Pain*, 1940; reimpreso, HarperCollins, Nueva York, 2001, p. 91. Hay edición en español con el título *El problema del dolor*.
33. Salmo 34:18, énfasis añadido.
34. Job 5:17-18.
35. Salmo 143:8.
36. Salmo 32:8.
37. SKG: Steven Spielberg, Jeffrey Katzenberg, David Gerfen.

Capítulo 4

1. Salmo 51:5.
2. En realidad, mucho antes de que la música country formara parte del lugar, el Ryman fue primero el hogar del Union Gospel Tabernacle, a eso se debe la conexión de la música country con la iglesia.
3. John Kramp, *Out of Their Faces and into Their Shoes*, Broadman & Holman, Nashville, 1995.
4. John MacArthur, *The MacArthur Bible Commentary*, Thomas Nelson Publishers, Nashville, 2005, p. 844.
5. Jeremías 17:5.
6. Jeremías 17:9.
7. Robert Robinson, «Come Thou Fount», una colección de himnos usada por la Iglesia de Cristo en Angel Alley, Bishopgate, 1759.
8. James MacDonald, *Downpour: He Hill Come to Us Like the Rain*, Broadman & Holman Publishers, Nashville, 2006, p. 26.
9. Romanos 3:10-11.
10. Las reglas de la NFL han cambiado desde que Jack Tatum derribó a Darryl Stingley. Usar la parte superior del casco como el primer punto de contacto, lanzándose, implica una penalización de quince yardas (alrededor de catorce metros) e incluso la inmediata expulsión si el árbitro interpreta el impacto como deliberado.
11. Marcos 10:22.
12. Marcos 10:17.
13. «You're So Vain», letra y música de Carly Simon, Copyright 1972, Quackenbush Music, Ltd., todos los derechos reservados. Por cierto, Carly nunca dijo a quién tenía en mente cuando grabó esta canción. Los rumores dicen que ella estaba burlándose de Mick Jagger, Kris Kristofferson, Cat Stevens, o Warren Beatty, quienes según se dice, le agradecieron de forma personal por la canción.
14. Proverbios 16:18.
15. Lucas 18:9.
16. Véase Lucas 18:11-13.
17. Juan 5:6.
18. Juan 5:7.

Capítulo 5

1. Herodes le devolvió el favor construyendo un templo para el dios Pan en honor a César, un proyecto de construcción enorme con nichos ornamentales cortados en los acantilados de pura piedra caliza que circundaban la región. Estos fueron usados como altares para Pan, su padre Hermes y otros dioses de la época.
2. Mateo 16:13-17.
3. Mateo 16:20.

NOTAS

4. Marcos 1:44.
5. Marcos 1:45.
6. Juan 10:23-24.
7. Juan 10:30.
8. Juan 14:6.
9. Marcos 10:18.
10. En la época medieval francesa, un hombre se quitaba un guante, o guantelete, y lo tiraba al piso frente a su oponente, simbolizando que tal persona estaba siendo desafiada.
11. C. S. Lewis, *Mere Christianity*, 1952; reimpreso, HarperCollins, 2001, p. 52. Hay edición en español con el título *Mero Cristianismo*.
12. Íbid, p. 197.
13. En Atenas incluso erigieron un altar con la inscripción «A un dios desconocido». Con anterioridad ya adoraban a una vasta cantidad de deidades, pero por si acaso les faltara una, construyeron este altar.
14. Hebreos 1:1-4 (RVR-60).
15. Mateo 3:7-9.
16. Joel 2:13.
17. Mateo 3:11-12.
18. Juan 10:30.
19. Colosenses 1:19.
20. Juan 1:3.
21. Colosenses 1:15-16.
22. Éxodo 20:4-5.
23. Véase Éxodo 33:18-22.
24. Éxodo 34:30 (RVR-60).
25. Leon Wieseltier, «Mel Gibson's Lethal Weapon. The Worship of Blood», *The New Republic Online*, 26 de febrero del 2004, https://ssl.tnr.com/p/docsub.mhtml?i=20040308&s=wieseltrier030804.
26. Andy Rooney, *60 Minutos*, CBS, 22 de febrero del 2004.
27. Isaías 53:3.
28. 1 Corintios 4:9-10.
29. Hebreos 1:3 (RVR-60), énfasis añadido.
30. Mateo 11:28.

CAPÍTULO 6

1. 2 Corintios 9:15.
2. Tito 3:4-5.
3. Efesios 2:8-9, énfasis añadido.
4. Hebreos 11:6.
5. Mateo 28:10.
6. Lucas 24:16, énfasis añadido.
7. Lucas 24:31, énfasis añadido.
8. Véase Marcos 9:22-24.

9. Lucas 15:17-20.
10. Lucas 15:17.
11. Salmo 51:3-4.
12. El reverendo Collin Smith es pastor principal de la Iglesia Libre Evangélica de Arlington Heights (Illinois) y autor de varios libros, incluyendo la serie de cuatro volúmenes *Unlocking The Bible*, Moody Publishers, Chicago, 2002.
13. Santiago 3:3-5.
14. Romanos 10:9-10, énfasis añadido.
15. Ravi Zacharias, *Walking from East to West*, Zondervan, Grand Rapids, 2006. Hay edición en español con el título *De oriente a occidente*.
16. Íbid.
17. Lucas 15:20.
18. Lucas 15:22-24, paráfrasis del autor.
19. Lucas 8:22 (RVR-60).
20. Lucas 8:25.
21. Mateo 11:28.
22. Mateo 16:17.
23. Lucas 11:9-10.

Capítulo 7

1. Santiago 2:14-17, 26.
2. 1 Corintios 10:31.
3. Mateo 5—7.
4. Romanos 12:9-16.
5. Tito 3:4-5.
6. Tito 2:11-12.
7. Estos grupos fueron llamados anabautistas (que significa «los que bautizan de nuevo») debido a su reacción a la creencia de Martín Lutero de bautizar a los bebés. Los anabautistas no consideran a una persona como propiamente bautizada hasta que es inmersa en el agua como un creyente adulto.
8. 2 Corintios 6:17.
9. Para asegurar una uniformidad en el código, algunos menonitas pintaban las partes cromadas de sus autos: rejillas, tapacubos y parachoques... los llamados menonitas de parachoques negros.
10. Lucas 10:25-36.
11. 1 Pedro 2:9-12.
12. Mateo 7:1-5.
13. Romanos 8:38-39.
14. 2 Corintios 5:17.
15. George Washington, primer discurso inaugural, jueves, 30 de abril de 1798.
16. 1 Corintios 10:31.

Capítulo 8

1. Más de una vez durante la construcción se me encargó el trabajo de cavar sobre la dura superficie con el fin de construir los cimientos.
2. Mateo 16:18.
3. Muchos historiadores creen que el apóstol Tomás viajó al oriente, hasta la India, como misionero.
4. R. C. Sproul y Robert Wolgemuth, *What's in the Bible*, W Publishing Group, Nashville, 2000.
5. Hebreos 9:11.
6. Génesis 12:1-3.
7. El nombre de Jacob fue cambiado al de Israel luego de luchar toda una noche con un ángel.
8. Antes del nacimiento de Isaac, Dios cambió el nombre de Abram por el de Abraham y el de Saray por el de Sara.
9. Éxodo 25:8-9.
10. Hebreos 10:25.
11. 1 Corintios 12:12-14, 20, 26-27.
12. 1 Juan 1:3.
13. A diferencia de cualquier interpretación previa antes de un juego, el himno nacional de los Estados Unidos, interpretado por Whitney Houston, fue lanzado como un sencillo y estuvo en las listas de la revista *Billboard*.
14. Compuesto por C. Herbert Woolston (1856-1927).
15. 1 Corintios 5:1-2, 6, 12-13. Otros ejemplos de disciplina en la iglesia se describen en Tito 3:10; 2 Tesalonicenses 3:6; Romanos 16:17 y Mateo 18.
16. Michael Kunzelman, Associated Press, 16 de febrero del 2006.
17. Íbid.
18. Efesios 6:12.
19. Vernon J. Charlesworth, «A Shelter in the Time of Storm», 1880.

Capítulo 9

1. Mateo 7:24-27.
2. Edward Mote, un pastor bautista que sirvió durante veintiséis años en Sussex, Inglaterra, escribió en 1834 la letra del himno «The Solid Rock».
3. Lucas 15:8-11.
4. Filipenses 3:13-14.
5. Filipenses 3:13.
6. Lewis, *Mere Christianity*, p. 192.
7. La torre sur fue impactada por el vuelo 175 de United Airlines a las 9:02 y colapsó a las 9:59. El Pentágono fue impactado por el vuelo 77 de American Airlines a las 9:37, y el vuelo 93 de United Airlines se estrelló en un campo de Pensylvania a las 10:03. La carnicería en la torre norte terminó a la hora y cuarenta y cinco minutos de aquella mañana que nunca será olvidada. La secuencia de estos horribles eventos puede ser encontrada en www.

webenglish.com.tw/encyclopedia/en/wikipedia/s/se/september_11_2001_attacks_timeline_for_the_day_of_the_a.html.
8. Salmo 46:1-2.
9. Efesios 2:10.
10. Salmo 103:8-14.
11. Lucas 18:5.
12. Lucas 18:6-8.
13. Romanos 10:9-10.
14. Miguel de Cervantes Saavedra, *Don Quijote de la Mancha*, 1605.
15. Santiago 2:18, énfasis añadido.
16. Gálatas 5:22-23, énfasis añadido, paráfrasis del autor.
17. Proverbios 27:17.
18. Santiago 5:16.
19. 1 Pedro 3:15.
20. Irving Berlin, «God Bless America».
21. James A. Baldwin, *Collected Essays*, Library of America, Nueva York, 1998, p. 330.
22. 1 Samuel 17:45.
23. Gálatas 2:20.
24. Hebreos 11:32-38.